# खुल गया है द्वार एक

(कविता)

# खुल गया है द्वार एक

## अशोक वाजपेयी की कविताओं से एक चयन

चयनकर्ता

**नंदकिशोर नवल**

राजकमल प्रकाशन

नयी दिल्ली पटना इलाहाबाद कोलकाता

ISBN : 978-81-267-2621-9

**मूल्य** : ₹ 400



**पहला संस्करण** : 2014

**प्रकाशक** : राजकमल प्रकाशन प्रा. लि.
1-बी, नेताजी सुभाष मार्ग, दरियागंज
नई दिल्ली-110 002

**शाखाएँ** : अशोक राजपथ, साइंस कॉलेज के सामने, पटना-800 006
पहली मंजिल, दरबारी बिल्डिंग, महात्मा गांधी मार्ग, इलाहाबाद-211 001
36 ए, शेक्सपियर सरणी, कोलकाता-700 017

वेबसाइट : www.rajkamalprakashan.com
ई-मेल : info@rajkamalprakashan.com

**मुद्रक** : बी.के. ऑफसेट
नवीन शाहदरा, दिल्ली-110 032

KHUL GAYA HAI DWAR EK
*Poems by* Ashok Vajpai

हिंदी कविता के बृहत्तर पाठक-समुदाय के लिए

# भूमिका

1958 का साल था। मैं पटना कालेज में इंटर के दूसरे वर्ष का छात्र था। पूर्वप्रकाशित दो सप्तकों की हिंदी में इतनी चर्चा हुई थी और उसने हिंदी कविता को ऐसा मोड़ दिया था कि जब तीसरा सप्तक के भी प्रकाशन की चर्चा होने लगी, तो नई कविता के पाठक यह अनुमान लगाने लगे कि उसमें कौन-कौन नए कवि लिए जाएँगे। मैं भी अपनी कक्षाओं में पिछली सीट पर बैठा अपनी कापी में संभावित कवियों की सूची बनाया करता था। उसमें दो नाम अनिवार्य रूप से होते थे—श्रीकांत वर्मा और अशोक वाजपेयी। लेकिन 1959 के आरंभ में ही जब तीसरा सप्तक छपकर आया, तो मेरे साथ और पाठकों को भी हैरानी हुई कि उसमें उक्त दोनों कवि अनुपस्थित हैं और उनकी जगह दो नए कवि संकलित किए गए हैं—प्रयागनारायण त्रिपाठी और मदन वात्स्यायन। पहले कवि नई कविता के परिदृश्य में सदा विलुप्त रहे और दूसरे कवि अति महत्त्वाकांक्षी होने के कारण शीघ्र ही कुंठाग्रस्त होकर अपने तक सीमित रह गए। इनके बरअक्स श्रीकांत वर्मा ने समकालीन कविता में बड़ा नाम पैदा किया और अपने अंतिम दिनों में उन्होंने हमें 'मगध'-जैसी मूल्यवान् कृति दी। अशोकजी निरंतर सृजन-रत रहे और अपने चौदह कविता-संग्रहों के साथ आज वहाँ पहुँच गए हैं, जहाँ हिंदी कविता के जीवित कवियों की बृहत्त्रयी का निर्माण कुँवरनारायण और केदारनाथ सिंह के साथ अशोकजी को लेकर ही हो सकता है।

प्रस्तुत चयन की योजना इस तरह बनी कि पिछले वर्ष एक द्विदिवसीय साहित्यिक संगोष्ठी में भाग लेने के लिए अशोकजी पटना पधारे। मैं उस संगोष्ठी में बहैसियत श्रोता भाग लेने के लिए जा रहा था कि रिक्शे पर मुझे उनकी एक कविता याद आई, जो मुझे बहुत पसंद रही है। वह कविता उन्होंने अपने ड्राइवर के एक दुर्घटना में मारे जाने के बाद उस पर लिखी थी। मैं संगोष्ठी स्थल पर पहुँचा, तो अशोकजी की बगल में ही बैठा। मौका पाकर मैंने उनसे प्रस्ताव किया कि मैं उनकी कविताओं का एक चयन तैयार करना चाहता हूँ, बशर्ते कि वे उसमें कोई हस्तक्षेप न करें। उन्होंने खुशी-खुशी मेरा प्रस्ताव स्वीकार किया, जिसके लिए मैं उनका आभारी हूँ। मेरे दिमाग में यह बात थी कि काफी अच्छे कवि होने के बावजूद वे अपने कवि को कोई खास महत्त्व नहीं देते, जिसका परिणाय यह हुआ है कि उसे उनके स्तंभकार और वक्ता-रूप

ने ढँक लिया है। मैं उस कवि–रूप को सामने लाना जरूरी समझता था, अपने लिए भी और कविता–प्रेमी हिंदीभाषी जनता के लिए भी। कुछ ही महीनों बाद अशोकजी फिर पटना आए और उनसे फिर मेरी मुलाकात हुई। मैंने उन्हें सूचित किया कि आपके दस कविता–संग्रह मेरे पास हैं, आप प्रकाशकों से कहकर मुझे शेष चार संग्रह सुलभ कराएँ, जिससे कि मैं चयन का काम शुरू कर सकूँ। उन्होंने मेरे आग्रह की रक्षा की और मुझे उक्त चारों संग्रह ही नहीं, अपने कई चयन भी भिजवाए। मैं इसके लिए पुनः उनका आभारी हूँ।

शुरू में अशोकजी को 'देह और गेह का कवि' कहा गया था, क्योंकि उनकी कविता विकास के लिए अपने पर तोल ही रही थी और उसमें अनेक आयाम अभी प्रकट नहीं हुए थे। भारत में काम और प्रेम को एक दूसरे से अलग नहीं माना गया है। इसका साक्ष्य कालिदास से लेकर विद्यापति–सूरदास तक की कविता प्रस्तुत करती है। इसके अलावा अशोकजी की प्रेम–कविताओं को देखकर ऐसा लगता है कि जो मानवीय सत्य ही नही, सर्वथा मानवीय वस्तु भी है, उसे वे छिपाना नहीं चाहते और अधिक से अधिक, ग्राम्यता–दोष से बचाने के लिए, उसे अभिजात अभिव्यक्ति प्रदान करते हैं। लेकिन ध्यातव्य यह है कि उनकी प्रेम–भावना का निरंतर विकास होता जाता है और अंत में वह अनंत को छूने लगती है। उनकी कविता वस्तुतः 'एक पतंग अनंत में' का रूप ले लेती है। उनकी प्रेम–भावना मानव–प्रेम में भी रूपांतरित हो जाती है, लेकिन उसे हम बाद में देखेंगे। अभी हम उनके प्रेम के कुछ स्तरों को देखें, जो स्थूल से सूक्ष्म की ओर प्रयाण करने के प्रमाण हैं। वैसे अशोकजी की प्रेम–कविताओं में देह के साथ मनोभाव, ऐंद्रियता के साथ अतींद्रियता और प्रेम के साथ प्रकृति का रासायनिक संयोग हमेशा घटित होता रहता है, जिससे उसमें नयापन ही नहीं, विस्मयजनक विलक्षणता संभव होती है। सबसे पहले हम उनकी एक आरंभिक प्रेम–कविता देखें—

*मैं बिछाता हूँ धरती का हरा बिछौना*
*मैं खींचता हूँ आकाश की नीली चादर*
*मैं सूर्य और चंद्रमा के दो तकिए सम्हालता हूँ*
*मैं घास के कपड़े हटाता हूँ*
*मैं तुमसे केलि करता हूँ।*

इसी के साथ कुछ वर्षों बाद लिखी गई यह कविता भी द्रष्टव्य है, जिसमें 'केलि' गायब है और सिर्फ 'प्रणय' रह गया है,—

*क्या मैं भेज सकता हूँ*
*अपने शब्दों के साथ*
*थोड़ा–सा चंद्रमा*

*एक संज्ञा भर,*
*एक क्रिया बराबर आकाश,*
*एक विशेषण जितनी हरीतिमा?*

*आख़िर कब तुम जानोगी—*
*यह रात-दिन की बारिश,*
*यह उसमें झींगुरों की अथक पुकार,*
*यह हर कुछ को छूती-घेरती हवा*
*मेरा प्रणय निवेदन है!*

निश्चय ही यह मात्र 'देह' की कविता नहीं है। दूसरे कि पहले बंद में जो 'संज्ञा', 'क्रिया' और 'विशेषण' जैसे शब्द आए हैं, उसका कारण यह है कि यह कविता 'शाब्दिक निवेदन' है!

अब मैं अशोकजी की दो ऐसी प्रेम कविताएँ उद्धृत करना चाह रहा हूँ, जिनमें आकर प्रेम कवि के अस्तित्व का अंग बन गया है। वे कविताएँ हैं—

1. *तुम उस मोड़ पर नहीं हो*
*उस बेंच पर तुम नहीं बैठी हो*
*उस बस स्टाप पर तुम इंतज़ार नहीं कर रही हो*
*बरसते पानी में छाते के नीचे तुम नहीं जा रही हो*
*अचानक बढ़ गई ठंड में शरीर में आई गरमाहट तुम नहीं हो*
*ओठों पर अपने आप बुदबुदा उठा तुम्हारा नाम नहीं है :*
*इतने सारे नदियों में*
*फिर किसका होना अंकित है?*

2. *यह जो*
*नदी के सागर में विलीन होने से पहले*
*उसके पानियों से बहते-बहते*
*उठता है एक गान,*

*यह जो*
*पवित्र अँधेरे गलियारों में*
*धीरे-धीरे उठती है एक प्रार्थना,*

*यह जो*
*कामना के सघन अँधेरों में*

*चमकती है एक छोटी-सी कविता,*

*उसे कैसे पता चले*
*कि ये सब उसी के नाम हैं?*

दूसरी कविता भी अतिशय सुंदर है, तथापि उसके काफी पहले रचित पहली कविता में अपेक्षाकृत अधिक गहराई है। वैसे मेरी इस बात से असहमत होने की पूरी गुंजायश है, क्योंकि दिनकरजी का यह कहना सही है कि अच्छी कविता लिखने से भी कठिन है उस पर निर्णय देना। अंत में मैं अशोकजी की एक ऐसी प्रेम-कविता उद्धृत करके इस प्रकरण को समाप्त करना चाहता हूँ, जैसी प्रेम-कविता विलक्षण ही नहीं, समकालीन हिंदी कविता में दुर्लभ है। यह कविता जितनी मूर्त है, उतनी ही अमूर्त, जितनी ही अमूर्त है, उतनी ही मूर्त और जिसकी अभिव्यक्ति शरद् के जल की तरह पारदर्शी है, जिससे उसकी गहराई में तल तक झाँका जा सकता है,—

*मैं वृक्षों से कहता हूँ*
*अपनी हरियाली से बनाओ एक पालकी*
*और उसे ले आओ;*
*फूलों से कहता हूँ*
*अपने परागों से बनाओ एक पालकी*
*और उसे ले आओ;*
*आकाश से कहता हूँ*
*अपने अँधेरे-उजालों से बनाओ एक पालकी*
*और उसे ले आओ;*
*पक्षियों से कहता हूँ अपने पंखों और कलरवों से*
*बनाओ एक पालकी*
*और उसे ले आओ—*
*मोड़ पर मिलते हैं जितने देवता*
*उनसे कहता हूँ कि पालकी ढोकर उसे ले आओ*
*मैं अगवानी में अपने द्वार खड़ा हूँ।*

कहने की आवश्यकता नहीं कि कविता का कोई भी सहृदय पाठक इस कविता को पढ़कर अशोकजी की कलम चूम लेना चाहेगा।

जहाँ तक 'गेह की कविता' लिखने की बात है, अशोकजी धीरे-धीरे स्वजन से चलकर साधारण जन तक पहुँच गए हैं। लेकिन उसकी चर्चा आगे की जाएगी, अभी हम उनकी नातिन पर लिखी गई एक कविता देखें, जो अपने विस्तार और गहनता में अद्वितीय है। पाठकों का मन इसे पढ़कर काफी देर तक प्रकंपित होता रहेगा—

*वह डगमग चलती है*
*तो सारी पृथ्वी डोलती है,*
*डगमगाता है आकाश,*
*डगमगाता है आदिकाव्य, ऋग्वेद की ऋचाएँ,*
*मंदिरों में विजड़ित देवप्रतिमाएँ,*
*मेरी कविता का टेढ़ा-मेढ़ा आँगन,*
*वन प्रांतर में अचानक हो गया सुनसान,*
*कनफोड़ शोर के बीच चिड़िया की तरह दुबक गया मौन।*
*वह डगमग चलती है*
*तो सारा ब्रह्मांड थम जाता है*
*प्रतीक्षा करता हुआ कि*
*मेरी नातिन पहुँच जाए*
*अपनी माँ याने मेरी बेटी की गोद में।*

कवि शब्द-प्रयोग के प्रति कितना सावधान है, यह 'देवप्रतिमाएँ' के विशेषण 'विजड़ित' से पता चलता है। 'स्थापित' प्रतिमा के डगमगाने में वह बात नहीं हो सकती, जो दीवार में जड़ी हुई प्रतिमा के डगमगाने में।

जैसा कि संकेत किया जा चुका है, प्रकृति अशोकजी की प्रेम-कविताओं का आवश्यक उपादान है। स्वभावत: उन्होंने स्वतंत्र रूप से प्रकृति-कविता नहीं लिखी। इस कारण उनके संग्रहों में मुझे एक ही प्रकृति-कविता मिली है—'एक पत्ती बुलाती है', जो अपनी मनोहरता में अपूर्व है। मैं पुन: निवेदन करना चाहूँगा कि प्रकृति का स्वतंत्र या परतंत्र चित्रण कोई अर्थ नहीं रखता। अर्थ है तो उसके प्रति कवि की संवेदनशीलता का। वह अशोकजी की निम्नलिखित कविता में, जिसमें संयोग से प्रकृति स्वतंत्र रूप में भी चित्रित है, भरपूर दिखलाई पड़ती है, पूरी ताजगी के साथ,—

*एक पत्ती बुलाती है*
*समूचे जंगल को...*
*उसकी वृक्षराजि, हिंस्र पशुओं,*
*चहचहाते पक्षियों,*
*अँधेरे में कुलबुलाते बीजों,*
*उजाले में दमकते प्रस्फुटनों*
*और आकाश की ओर ताकते पल्लवनों को।*
*एक हरी पत्ती दस्तक है...*
*वह सुगबुगाहट है,*
*वह कभी पूरी न हो सकनेवाली*

*कविता का आदि शब्द है।*
*वह एक हरी शिखा है*
*जिसमें होने, हो सकने का उजाला है।*

*एक पक्षी*
*प्रकृति की विनयपत्रिका का पहला पद्य है।*

आचार्य रामचंद्र शुक्ल से लेकर डा. नामवर सिंह तक ने कविता में प्रकृति-चित्रण पर विचार किया है। आचार्य शुक्ल यह कहते हुए उसकी दार्शनिक व्याख्या करते हैं कि चूँकि मनुष्य से लेकर प्रकृति तक में एक ही शक्ति का प्रसार है, इसलिए प्रकृति का वर्णन पाठकों के लिए रमणीय होता है। नामवरजी ने 'छायावाद' में यह कहा है कि इस काल में वैज्ञानिक अनुसंधानों के द्वारा प्रकृति एक सजीव सत्ता के रूप में सामने आई, इसलिए उसने कवियों को आकृष्ट किया। वस्तुस्थिति यह है कि मनुष्य चूँकि प्रकृति का ही अंग है, इसलिए उसके प्रति उसकी आत्मीयता है। इस आत्मीयता में नए-नए अर्थ पैदा करना कवियों की क्षमता पर निर्भर है। अशोकजी ने भी उसमें एक नया और आकर्षक अर्थ पैदा किया है।

वे हमेशा ऊँचे सरकारी पदों पर रहे, सो यह देखकर प्रीतिकर आश्चर्य होता है कि उनकी कविता का नायक साधारण जन है। इससे यह बात अच्छी तरह प्रमाणित हो जाती है कि कवि के व्यावहारिक और रचनात्मक व्यक्तित्व के बीच का संबंध जटिल और रहस्यमय ही नहीं होता, वे दोनों अलग-अलग होते हैं। अशोकजी की कविता में उनके 'तत्पुरुष' नामक संग्रह से एक मोड़ आता है और वे देह और गेह को अंतिम रूप से न छोड़ते हुए भी उस विशाल भारतीय जन-समूह की ओर मुड़ जाते हैं, जो अभावग्रस्त है, श्रमजीवी है, शोषित, उपेक्षित, प्रताड़ित, पीड़ित और हर तरह से अधिकार-वंचित है। लेकिन वही मनुष्यता के सर्वश्रेष्ठ मूल्यों का रक्षक, सर्वाधिक शक्तिमान् और इतिहास की निर्मात्री शक्ति भी है। यहाँ आकर यह बात स्पष्ट हो जाती है कि क्यों मुक्तिबोध उनके प्रिय कवियों में से एक हैं और क्योंकर उन्होंने उन पर वैसा लेख लिखा, जैसा हिंदी के किसी मार्क्सवादी आलोचक ने नहीं लिखा। इस बात को प्रगतिशीलों और जनवादियों ने समझा होता, तो वे 'कलावाद' और 'रूपवाद' को ठीक से जाने बगैर उनका विरोध और उनके विरुद्ध घृणा का प्रचार न करते। उन्होंने इस बात को कतई नहीं समझा कि साधारण जन की कविता एक ही साँचे और ढाँचे में नहीं लिखी जा सकती और जिस समाज की माला जपते वे थकते नहीं हैं, वह उनकी हथेली से बहुत बड़ा, आसमान की तरह चतुर्दिक् विस्तीर्ण है। बहरहाल।

संस्कृत में तत्पुरुष को परमपुरुष कहा गया है। वह परमपुरुष अशोकजी के लिए साधारणजन ही है। उसे पहचानिए—

*वह आदमी*
*सड़क पर जा रहा है*
*अपनी ज़िंदगी का दुख-सुख लिए*
*और ऐसे जैसे कि उसके जाने पर*
*किसी को फ़र्क़ नहीं पड़ता*
*और कोई नहीं देखता उसे*
*न देवता, न आकाश और न ही*
*संसार की चिंता करनेवाले लोग*

*वह आदमी जा रहा है*
*जैसे शब्दकोष से*
*एक शब्द जा रहा है*
*लोप की ओर*

कहने की आवश्यकता नहीं कि जिन्होंने इस साधारण जन की चिंता का शोर उठाया था और उसके नाम पर ही 'क्रांति' की, उन्होंने भी अंतत: उसे छला ही। ऐसी स्थिति में अशोकजी का यह कहना एक तीखा सत्य है कि 'संसार की चिंता करनेवाले लोग' भी उसे नहीं देखते। उस साधारण जन की तस्वीर नीचे के काव्यांश में और स्पष्ट रूप में देखिए। हमारा ध्यान कवि की प्रतिश्रुति के साथ इस बात पर भी जाना चाहिए कि मानवीय मूल्यों को बचाकर रखनेवाले अभिजन नहीं, बल्कि यही लघुजन हैं,—

*मैं स्तुति करना चाहता हूँ*
*उसकी जो दीवारें पोतता है*
*और कड़ी धूप में इमारतों में लगाने के लिए ईंटें सिर पर ढोता है;*
*उसकी जो दे रात गए सब्ज़ियों की दूकान मोमबत्ती जलाकर खुली रखता है*
*और उसकी जो कहीं और जगह न पाकर फुटपाथ पर अखबार बिछाकर थककर सो जाता है;*
*और उसकी जो ख़ुद मरघिल्ला होने के बावजूद चार थुलथुल सवारियों को पसीना-पसीना होते हुए भी आधी रात को उसके घर पहुँचाता है;*
*और उसकी जो चौकीदारी करता है मुस्तैदी से उस सबकी*
*जो उसका नहीं है;*
*और उसकी जो क्यारियाँ गोड़ते-गोड़ते अलसाकर*
*चिड़ियों की चहचहाट के बीच किसी पेड़ की छाया में सो जाता है;*

*उसकी जो बग़ल की झुग्गी में से ज़रूरतमंद बच्चे को*
*लाकर देता है स्लेट और पैंसिल।*

इस काव्यांश की अंतिम दो पंक्तियाँ इस बात का भरोसा देती हैं कि मानवीय संवेदना कभी नष्ट नहीं होगी और उसे शोषित, पीड़ित और श्रमजीवी जन ही बचाकर रखेंगे, उनका अपने ऐशो-आराम के लिए उपयोग करनेवाले नहीं। ताज्जुब नहीं कि कवि उन्हीं लोगों की दुनिया में रहना चाहता है, भले इस बार उसने उनकी जगह प्राकृतिक उपादानों को रख दिया है,–

*मैं वहीं जाऊँगा*
*जहाँ निशीथ के एकांत अंधकार में*
*चट्टानें विलाप करती हैं;*
*जहाँ वृक्ष अपनी हरीतिमा के आच्छादनों के पार सिसकते हैं;*
*जहाँ पक्षियों की डार यकायक चुप हो जाती है*
*जब उसे पता चलता है कि उनमें से एक*
*हमेशा के लिए पीछे छूट गया।*
*मैं वहीं जाऊँगा*
*जहाँ नदी-जल एक गड़हे में*
*नदी का आँसू बनकर ठिठका रह जाता है;*
*जहाँ शब्द ध्रुवांत पर पहुँचकर डर से काँपता है कि*
*अब उसे कोई नहीं सुन पाएगा;*
*जहाँ पत्थर के नीचे उग आई दूर्वा*
*जानती है कि उसे अब कोई पूजा के लिए नहीं ले जाएगा–*
*मैं वहीं जाऊँगा...*

जाहिर है कि ये पंक्तियाँ कवि की अंतश्चेतना से फूटी हैं, किसी फैशन में नहीं लिखी गईं। फैशन में पड़कर तो ढेरों प्रगतिशीलों और जनवादियों ने कविताएँ लिखी हैं। वे कविताएँ स्वभावत: काव्य-गुण से रहित होती हैं, जिससे वे उड़ान नहीं भर पातीं, क्योंकि उनके पंखों में तो विचारधारा के पत्थर बँधे होते हैं!

अशोकजी साधारण जन की दीन-हीन अवस्था से ही नहीं, उसकी शक्ति से भी परिचित हैं, क्योंकि उसके पाँवों में देश, कंधे पर काल और जेब में इतिहास होता है। मैं नहीं जानता कि हिंदी के किसी प्रगतिशील कवि ने अपनी कविता में साधारण जन की ऐसा विराट तस्वीर खींची है :

*अपने पाँवों से*
*देश को नापता हुआ*
*और काल को कंधे पर*

*अँगोछे की तरह धरे हुए*
*वह*
*गुज़रता है*
*बाजार से–*
*....        ....*
*वह*
*बेख़बर*
*जैसे सारे इतिहास को*
*गुड़ी मुड़ी पुराने काग़ज़-सा*
*अपने जेब में रखकर*
*रोज़ काम पर जाता है।*

आज के विश्व को ही देखें, तो दूसरे देशों का हक मारने के लिए ही नहीं, अपने प्रभुत्व-स्थापन के लिए बड़े देश और बड़े लोग इस संसार को मिटाने तक पर तुले हैं। ऐसी स्थिति में जीवन के क्रम को कौन नैरंतर्य प्रदान करता है? निश्चय ही साधारण जन, जो बिना कोई शोर उठाए चुपचाप मनुष्यता के सिलसिले को बरकरार रखते हैं। इस बात को बेहद खूबसूरत ढंग से अशोकजी ने एक कविता में रखा है, जो ऊपर से प्रकृति-कविता प्रतीत होती है। यह छायावादी अप्रस्तुत- योजना भी नहीं है, जो कविता में प्राय: अलंकरण के रूप में प्रयुक्त होती थी। इस कविता में अलंकार और अलंकार्य का कोई भेद नहीं है। 'पत्तों का अकथ' शीर्षक वह कविता बड़ी नहीं, इसलिए यहाँ संपूर्णत: उद्धरणीय है :

*हम किसी से नहीं कहते*
*न फूलों से, न वृक्ष से, न पक्षियों से–*
*हवा को नहीं बताते,*
*आकाश को सुनाई नहीं दे सकती,*
*धरती को फुरसत नहीं सुनने की*
*पर हमारी भी कथा है :*
*उसमें सुख या दुख का वृत्तांत नहीं,*
*न उद्‌गम का मिथक*
*न अंत का आभास,*
*उसमें कोई कथा नहीं है–*
*एक पत्ते का गिरते हुए*
*दूसरे उगते हुए पत्ते में चुपचाप अनदेखे*
*बदल जाने भर का रहस्य है।*

एक अन्य कविता में भी उन्होंने कहा है : 'आपके हाथों थमाकर गुमनामी में/वापस चले जाते हैं वे लोग।/जब तक ऐसे लोग हैं/हमें देवताओं की कोई ज़रूरत नहीं पड़ती।' वे साधारण जन के दु:ख के प्रति इतने संवेदनशील हैं और उन्होंने उनके लिए अपने व्यक्तित्व को इस कदर विसर्जित कर दिया है कि एक बहुत ही प्रभावशाली कविता में वे यह आख्यान करते हैं–

*जब भी मैं कोई गिनती करता हूँ*
*दुख उसमें पता नहीं और कैसे कहाँ से जुड़ जाता है।*
*अपनी बस्ती में गिनता हूँ नीम के चार पेड़ तो पाँचवाँ पेड़ दुख का।*
*रखता हूँ पिंजड़े द्वारा तीन–चार थैलों में भरकर दी गई चार–पाँच सब्ज़ियाँ*
*और पाता हूँ कि उसमें अतकारी हरी धनिया की तरह*
*उसने अपना दुख भी रख दिया है।*

.... .... ....

*मैं अपनी लायब्रेरी से उठाता हूँ*
*अपने प्रिय फ़िलीस्तीनी कवि का नया संग्रह*
*और देखता हूँ कि उसमें बुकमार्क की तरह*
*रखा हुआ है पुराना बिसर गया दुख।*

और अंत में–

*मैं नहीं जानता था*
*कि हमारे समय में जीने के*
*गणित और व्याकरण दोनों*
*दुख को जोड़े बिना संभव नहीं हैं,*
*जैसे कविता भी नहीं।*

अशोकजी सृजनात्मक कल्पना के धनी हैं। उसी से उनकी कविताओं में नए–नए बिंब संभव होते हैं।

जब कवि साधारण जन को इतनी अच्छी तरह से जानता है, तो विश्वास होता है कि वह उसके मायावी शत्रु को भी पहचानता होगा। यह विश्वास निम्नलिखित कविता द्वारा अच्छी तरह प्रमाणित होता है। यह कविता ऊपर उद्धृत कविता से थोड़ी बड़ी है, तथापि यह भी संपूर्णत: द्रष्टव्य है :

*वे देवदूतों की तरह*
*धवल–उज्ज्वल,*
*उदारचरित आएँगे।*

*वे आश्वस्त करेंगे,*
*उनके पास होगा पाथेय,*
*नयनपथगामी,*
*वे देवदूतों की तरह आएँगे।*

*तुमने उन्हें बुलाया न भी हो*
*वे आएँगे।*
*वे उत्कर्ष का गान समवेत गाएँगे।*

*वे धीरे-धीरे बिना कुछ कहे*
*हथिया लेंगे तुम्हारी जगह।*
*हर लेंगे तुम्हारे वचन,*
*तुम्हारा रक्तकल्प कर*
*तुम्हें अपनी अस्थियों के अँधेरे में*
*चुपचाप छोड़कर*
*दिव्य निर्मम आभा से दीप्त*
*वे आगे चले जाएँगे।*

*वे देवदूतों की तरह आएँगे*
*और नरक में तुम्हें छोड़कर*
*अपने स्वर्ग लौट जाएँगे।*

कोई भी निष्पक्ष पाठक इस कविता को पढ़कर यह मानेगा कि यह प्रगतिशील कविता का अत्यंत स्पृहणीय दिशा में विकास है। जो उसे मजदूर, पूँजीपति, उत्पादन-प्रणाली, वर्ग-संघर्ष, सर्वहारा का अधिनायकवाद आदि की शब्दावली में ही लिखी देखने के आदी हैं, उन्हें इस कविता से जरूर निराशा होगी। लेकिन प्रगतिशील कविता के आम पाठक मुक्तिबोध का 'पुनर्मूल्यांकन' करनेवालों से आगे हैं, जिसकी परीक्षा उनकी भीड़ में इस कविता को पढ़कर की जा सकती है। कहना व्यर्थ है कि कलात्मकता के साथ इसमें गजब की संप्रेषणीयता भी है।

आज की सभ्यता ने ही, जो वैज्ञानिक-औद्योगिक विकास की देन है और जिसकी समाज-व्यवस्था शोषण और उत्पीड़न पर आधारित है, ऊपर उल्लिखित साधारण जन को पैदा किया है। यह सही है कि साधारण जन पहले भी सुखी नहीं थे, लेकिन यह सभ्यता तो उनके लिए चकाचौंध से भरी एक छलना-मात्र सिद्ध हुई है, जिसने उनके

लिए नए-नए दु:खों को जन्म देकर उनके जीवन को और दूभर बना दिया है। आज मनुष्यता के सारे परंपरा-पोषित और नए उत्कृष्ट मूल्य संकटग्रस्त हैं। थोड़ा हटकर कहें, तो इस माहौल में अशोकजी की प्रेम और वात्सल्यपूर्ण कविताओं के महत्त्व को अच्छी तरह समझा जा सकता है। उक्त सभ्यता को वे अच्छी तरह पहचानते हैं। प्रो. नलिनविलोचन शर्मा का कहना था कि मनुष्यता के दो-चार पर्यायों में से एक कविता भी है। इस कविता की आज क्या स्थिति है, यह देखने लायक है। इसकी जगह आज क्या अवशिष्ट रह गया है, इसे अशोकजी ने एक छोटी कविता में बहुत तीव्रता से अनुभव किया है और हमें कराया है—

*ठंडी अँधेरी रात में*
*सिर्फ एक आवाज़ थी :*
*गरम साँसों में*
*ज़िंदगी को कुतरते हुए समय की।*

*हाथ को हाथ न सूझे वाले घने कुहरे में*
*थोड़ी-सी गरमाहट और रौशनी देने के लिए*
*सड़क के किनारे दरबानों के घेरे में*
*जल रही थीं कई कविता-पुस्तकें।*

*अभी तक ठंडी न हुई राख के ढेर में*
*हड्डियों की तरह अनजले बचे थे*
*थोड़े-से शब्द*

एक अन्य कविता में आज के समय को उन्होंने और गहराई से महसूस किया है :

*यह हमारा विचित्र समय है*
*जो बिना किसी रोशनी की उम्मीद के*
*हमें गाढ़े अँधेरे में गुम भी कर रहा है*
*और साथ ही उसमें जो हो रहा है*
*वह दिखा रहा है :*
*क्या कभी-कभार कोई अँधेरा समय रोशनी भी होता है?*

बिना इस सशक्त अभिव्यक्ति के आज के भयानक अंतर्विरोध से ग्रस्त समय का चित्रण निस्संदेह असंभव था। अशोकजी कहते हैं कि ऐसे समय की अंधी दौड़ में पड़ने की जगह आज थमकर अपने भीतर सौंदर्यानुभूति के एक क्षण का एहसास जरूरी है :

*फिर आ रही है हल्ले की एक और लहर*
*और यह शताब्दी*

*शब्दों और सपनों के अर्थ बदल रही है*
*बदल रही है पोशाकें, पताकाएँ, डालियाँ*
*हथियार और हरकारे*
*यह शामिल होने से ज्यादा*
*घिरती शाम की बची-खुची रोशनी में*
*अपनी खिड़की पर थमने और*
*अँधेरे में डूबते क्षितिज को*
*एक बार देखने का समय है—*

काफी पहले काशीनाथ सिंह ने अपनी 'सुख' शीर्षक बहुतचर्चित कहानी में सौंदर्यानुभूति पर आए इस संकट का आभास दिया था। आज यह देखना दिलचस्प है कि प्रगतिशील और जनवादी लोग 'सौंदर्यानुभूति के क्षण' की चर्चा से ही भड़क उठते हैं। उन्हें सौंदर्य की जगह सामाजिक यथार्थ, क्षण की जगह इतिहास और अनुभूति की जगह विचारधारा चाहिए। यदि वे सौंदर्य, अनुभूति और क्षण को महत्त्व देते भी हैं, तो उन्हें दूसरे नंबर पर रखते हैं। वे मानने को तैयार नहीं कि सामाजिक यथार्थ, इतिहास और विचारधारा से किसी व्यक्ति का सांस्कृतिक विकास नहीं हो सकता और रचना तो, जो एक कलाकृति होती है, सौंदर्यानुभूति के क्षण के बिना संभव ही नहीं है। वे हिंदी के आधुनिक आर्ष कवि प्रसाद की इस बात को भी महत्त्व नहीं देते कि सौंदर्य 'उज्ज्वल वरदान चेतना' का यानी मनुष्यता की सर्वश्रेष्ठ उपलब्धि है। कारण यह कि वे भी उनकी दृष्टि में बुर्जुआ कवि हैं! एक अज्ञात भय है, जो आज के मनुष्य के मन में समाया हुआ है। अशोकजी ने उसका भी एक कविता में बहुत सशक्त रूप में वर्णन किया है—

*अब पत्ता खड़कता है तो उनका अंदेशा होता है।*
*अपनी ही उत्तप्त साँस लगती है खिड़की के नीचे छिपे किसी की है।*
*दूर की मेज़ पर बैठा कोई भी उनमें एक लगता है।*
*सड़क पर बेतहाशा भागती बस की खिड़की से हमें ताकता चेहरा*
*उनमें से किसी का हो सकता है।*
*हम रहते हैं तो अपने सच में*
*पर उनके संदेह और अफ़वाह की चादर में लिपटे सोते है।।*
*हमारे नाज़ुक-से एकांत को दरकाती हुई*
*किसी दुष्ट देवता की तरह हर कुछ पर गड़ी है*
*उनकी आँख।*

*वे फिर नहीं आएँगे।*

*हम जानते हैं कि वे लौटकर गए ही नहीं*
*यहीं हैं—*
*अब हममें नए भय की तरह बसे हुए।*

अशोकजी ने बीच-बीच में गद्य-कविताएँ भी लिखीं हैं, जो भी पर्याप्त सशक्त और हमें एक नया अस्वाद देनेवाली हैं। नमूने के तौर पर हम नीचे उनकी 'पुकार' शीर्षक एक गद्य-कविता उद्धृत कर रहे हैं, जो मानवीय नैतिकता की 'पुकार' है—

*अँधेरे में अकल्पनीय आलोक की तरह कोई पुकारता है। सड़क पर थककर ढेर हो जाने के पहले मोड़ से कोई पुकारता है। किसी अनाम सुदूर कंदरा से, किसी अदृश्य गवाक्ष से, किसी असंभव नदी तट से कोई पुकारता है। घाटी में चट्टान के पास उगे छोटे-से बिरछे की किसी डाल से पक्षी की तरह और नदी जल में लुढ़कते जा रहे पत्थर की कातरता से कोई पुकारता है। भविष्य की एक शताब्दी की मेज़ पर जमा काग़ज़ों के ढेर से किसी अनाविष्कृत शब्द की तरह कोई पुकारता है। सारा पाथेय गँवा चुकने के बाद जब हम किसी अनजानी परछी में बैठे अपनी नियति पर विलाप करने को होते हैं तो कोई पुकारता है। जब सड़क पर अपने सामने हुई हत्या की गवाही देने से बचकर हम भाग जाना चाहते हैं, तो कोई पुकारता है। जब जीने के विन्यास में हम भटक रहे होते हैं तो किसी प्राचीन कवि की आवाज में कोई पुकारता है।*

पाठक नोट करेंगे कि कवि की यह उक्ति उसकी आत्मा की किस गहराई से निकली है। एक खास बात यह है कि ऊपर प्रेम, वात्सल्य, साधारण जन, उनका शत्रु और आधुनिक सभ्यता के अनेक पक्षों के चित्रण का जो विवरण दिया गया है, वह परस्पर संबद्ध है और कवि के एक पूर्ण काव्य-संसार का निर्माण करता है। 'काव्य-संसार' एक बड़ा शब्द है, जिसका समकालीन आलोचना में बहुत दुरुपयोग हो रहा है, जबकि यह सिर्फ महत्त्वपूर्ण कवियों के पास ही होता है। छोटे कवियों की तो प्रत्येक कविता स्वयंसंपूर्ण होती है।

अशोकजी ने अनेक नाजुक कविताएँ भी लिखी हैं। ऐसी कविताओं के वक्तव्य को पकड़ना कठिन होता है। वह हाथ में आ-आकर फिसल जाता है। उनके शिल्प के बारे में भी यही बात है, क्योंकि वाक् और अर्थ परस्पर संपुक्त होते हैं। त्रिलोचन याद आते हैं, जिनके अनुसार हर कविता नाजुक कविता होती है। स्वभावत: उनका कहना था कि कविता में शब्दों को उस तरह पकड़ना चाहिए, जिस तरह तितली को पकड़ते हैं, यानी इस नजाकत के साथ कि वह पकड़ में भी आ जाए और उँगलियों में उसके पंख का पराग भी न लगे! यहाँ अशोकजी की एक ही नाजुक कविता उद्धृत

की जा रही है–

*हरी घास की नोंक से टपका*
*ओस–आँसू,*
*सहमता हाथ पसीजता हुआ,*
*खिड़की के काँच पर*
*हिलगी रह गई*
*बारिश की आखिरी बूँद :*

*वहीं पर*
*कथा*
*अधूरी*
*रह जाएगी।*

जो हाल कवि का होता है, वही नाजुक कविता के ग्रहीता पाठक का भी। कविता उसके मन में गूँज-अनुगूँज उठाती रहती है और वह उनके वशीभूत अपने को विवश पाता है। अशोकजी ने इस बात पर काफी जोर दिया है कि नए कवियों की कविता में पुराने कवियों की कविताओं की प्रतिध्वनि अवश्य सुनाई पड़नी चाहिए। तात्पर्य यह कि उससे परंपरा के साथ कवि की संबद्धता का संकेत मिलता है। इससे कवि की मौलिकता को खरोंच नहीं लगती, बल्कि उलटे उससे नवीनता संभव होती है। अशोकजी में विद्यापति, सूर और तुलसी की प्रतिध्वनि तो नहीं सुनाई पड़ती, पर पुराने कवियों में कबीर और नए कवियों में मुख्यतः अज्ञेय, शमशेर, मुक्तिबोध और रघुवीर सहाय की प्रतिध्वनि स्पष्ट सुनाई पड़ती है। मुझे ऐसा लगता है कि कबीर के प्रति आकर्षण उनके मन में कुमार गंधर्व के गायन से उत्पन्न हुआ था, जिनकी मृत्यु के उपरांत उन्होंने मृत्यु को विषय बनाकर अनेक कविताएँ लिखीं। वैसी एक कविता का एक अंश नीचे दिया जा रहा है–

*सब कुछ छोड़कर*
*सभी राजों–शहरों*
*बस्तियों–मुहल्लों के पार*
*शून्य के पड़ोस से*
*हम किस*
*कहीं–नहीं के घर में*
*अग्निपथ से भस्म होकर*
*रहने आते हैं?*

कबीर की प्रत्यक्ष प्रतिध्वनि एक कविता की इन पंक्तियों में देखिए :

*क्या संभव है*
*कि हम पहचान पाएँ*
*कि धरती के किवाड़ ही*
*अंतत: गगन-किवाड़ हैं–*
*कि गगन कुछ और नहीं*
*धरती ही है*
*ऊपर दीखती हुई!*

इससे भौतिक जीवन के प्रति कवि का आकर्षण भी प्रकट है, जिसे उसने कबीर के बहाने बहुत सशक्त रूप में प्रकट किया है। रघुवीर सहाय की प्रतिध्वनि 'सद्य:स्नाता' शीर्षक निम्नलिखित प्रेम-कविता में सुनिए, जो उसे अभूतपूर्व सौंदर्य प्रदान करती है–

*पानी*
*छूता है उसे*
*उसकी त्वचा के उजास को*
*उसके अंगों की प्रभा को–*

*पानी*
*ढलकता है उसकी*
*उपत्यकाओं शिखरों में से–*

*पानी*
*उसे घेरता है*
*चूमता है*

*पानी सकुचाता*
*लजाता गरमाता है*
*पानी बावरा हो जाता है*

*पानी के मन में*
*उसके तन के*
*अनेक संस्मरण हैं।*

मुझे अशोकजी के सद्य: प्रकाशित कविता-संग्रह में एक ऐसी निहायत व्यक्तिगत कविता मिली है, जो उनके निष्कलुष चित्त का पता देती है। वे अपने स्तंभ में कभी-कभी

हिंदी के कुछ मान्य लेखकों को अपनी कलम की निब चुभोते रहे हैं। लेकिन आज वे कहते हैं :

*इस मुकाम पर आकर कैसे कहूँ*
*कि अपने शब्द वापस लेता हूँ :*
*यह कहने का विनय तो है*
*पर अब तक वह साहस नहीं*
*जो अंत के नियराने पर हो पाता है।*
.... ....
*सचाई, शब्दों से, कम-से-कम मेरे शब्दों से*
*दूर जा चुकी है*
*और अब तो यह मानना तक मुश्किल है*
*कि वह कभी इन शब्दों में थी।*

इसमें दो मत नहीं कि ऐसे निष्कलुष चित्त से ही मार्मिक कविताएँ संभव होती हैं। मैं यह जानने को बहुत उत्सुक था कि अशोकजी के मिजाज में जो मस्ती है और उनके होंठों पर जो सदा विराजमान रहनेवाली हँसी है, आखिर उसका स्रोत क्या है? आज मुझ पर यह स्पष्ट है कि वह है उनका अपने कवि को लेकर आत्मविश्वास और उनके चित्त में किसी के प्रति भी दुर्भावना का अभाव। यही चीजें उन्हें हमेशा प्रसन्न रखती हैं, क्योंकि उनके मन में किसी बात को लेकर कोई ग्रंथि नहीं।

प्रस्तुत चयन को तैयार करने के क्रम में मैंने सिलसिले से ध्यानपूर्वक अशोकजी के सारे संग्रह पढ़े, तो जैसे अपने लिए उन्हें आविष्कृत किया। ऐसा नहीं है कि मैं उनके कवि-रूप से परिचित नहीं था, लेकिन मुझे इसका अनुमान नहीं था कि वे इतने महत्त्वपूर्ण कवि हैं। उन्होंने दूसरों पर अपने को आरोपित करने की बात तो छोड़ दें, कभी अपने कवि-रूप को प्रक्षेपित भी नहीं किया। यह बात उन्हें शोभा देती है और उनके सच्चे कवि होने की परिचायक है। उनकी सबसे बड़ी विशेषता यह है कि उन्होंने बाहरी दबाव में आकर कभी अपना रास्ता नहीं बदला और अपनी अकूत सृजन-क्षमता के बल पर अपना आश्चर्यजनक विकास किया। उनकी कविता में नए-नए आयाम प्रकट होते गए और इस तरह अनेक दिशाओं में उसका विस्तार होता गया। इसका प्रमाण उनके प्रथम संग्रह 'शहर अब भी संभावना है' से लेकर उनका नवीनतम संग्रह 'कहीं कोई दरवाजा' प्रस्तुत करते हैं। नवीनतम संग्रह की कविताएँ तो जितनी सरल और पारदर्शी हो गई हैं, उतनी ही एक निर्व्याजता, जटिलता और गहराई से युक्त। यह देखकर स्वभावत: प्रसन्नता होती है कि उनमें अभी भी विकास जारी है। कुछ लोग उनकी कविताओं के संदर्भ में पाश्चात्य कविता के प्रभाव की बात उठाएँगे। उनसे मेरा निवेदन है कि युवा कविता, नई कविता, प्रयोगवाद, प्रगतिवाद और छायावाद ही

नहीं, कथित द्विवेदी-युग और भारतेंदु-युग की कविता के पीछे भी कमोबेश पाश्चात्य कविता की प्रेरणा रही है। आचार्य शुक्ल ने भारतेंदु-युग और कथित द्विवेदी-युग में लिखी गई जिस 'निबंध-कविता' की चर्चा की है, वह पाश्चात्य प्रभाव की ही देन है। उन्होंने जिसे स्वाभाविक स्वच्छंदतावाद कहा है, उस पर भी यही बात लागू होती है। और पीछे जाएँ, तो जायसीकृत 'पदमावत' की मसनवी शैली और रीतिकाव्य के श्रेष्ठ कवि घनानंद की प्रेम-भावना भी फारसी काव्य की ही देन है। तात्पर्य यह कि साहित्य-मात्र का विकास दूसरी भाषाओं के साहित्य के आदान-प्रदान से ही संभव होता है, बशर्ते कि हम परंपरा से पूर्णत: अपना संबंध-विच्छेद न करें। अशोकजी की कविता हमें कविता के नए क्षितिजों से परिचित कराती है, पर कभी अपने मूल से उच्छिन्न नहीं लगती।

जब मैंने इस चयन के लिए कविताओं का चुनाव करना शुरू किया, तो मैंने पहले सोचा था कि मैं उन्हें विषयानुसार विभाजित करूँगा, पर फिर मुझे वह विचार ठीक नहीं लगा और मैंने उन्हें प्रकाशन-क्रम से ही, जो कि प्राय: रचना-क्रम भी होता है, पुस्तक में देने का विचार किया, जिससे कि अनेक दिशाओं में कवि का संश्लिष्ट विकास सामने आए।

अशोकजी के विभिन्न संग्रहों से चिह्नित कविताओं की फोटोकापी कराने का काम हिंदी के तरुण समीक्षक अरुण नारायण ने किया है, अत: वे मेरे स्नेहाशीर्वाद के पात्र है।। मैं मनोज कुमार झा (हाजीपुर) का अनुगृहीत हूँ, जिन्होंने पुस्तक को मुद्रण-योग्य बनाया है। कवि राकेश रंजन ने अनेक प्रकार से मेरी सहायता की है, इसलिए वे तो मेरे धन्यवाद के पात्र हैं ही। मेरी धर्मपत्नी ने भूमिका का 'डिक्टेशन' लिया है, अत: मैं उनका कृतज्ञ हूँ। मुझे विश्वास है कि इस पुस्तक के प्रकाशन से समकालीन हिंदी कविता में एक नया द्वार खुलेगा और खास तौर से हिंदी कविता के सामान्य पाठक अशोकजी की कविताओं का आनंद उठाएँगे, क्योंकि सारी कविताएँ उन्हीं को ध्यान में रखकर चुनी गई हैं। इनमें किसी प्रकार की दुरूहता नहीं है और गजब की संप्रेषणीयता है।

**—नंदकिशोर नवल**

# अनुक्रम

अब मैं धूल–धक्कड़, ख़ून–कीचड़, राख से
शब्द उठाता हूँ–
अभी भी जलने या भस्म होने से बचे हुए–
और कान लगाकर सुनता हूँ
उनमें पवित्रता की खनखनाहट
जिसे छोटी–छोटी क्रियाओं में
अभी भी समोया जा सकता है, बिना किसी देवकृपा के।

# युवा जंगल

एक युवा जंगल मुझे,
अपनी हरी उँगलियों से बुलाता है।
मेरी शिराओं में हरा रक्त बहने लगा है
आँखों में हरी परछाइयाँ फिसलती हैं
कन्धों पर एक हरा आकाश ठहरा है
होंठ मेरे एक हरे गान में काँपते हैं :
मैं नहीं हूँ और कुछ
बस एक हरा पेड़ हूँ
—हरी पत्तियों की एक दीप्त रचना!
ओ जंगल युवा,
बुलाते हो
आता हूँ
एक हरे वसंत में डूबा हुआ
आऽ ताऽ हूँ—

1959

# वसन्त-दिन

आज का दिन पूरा का पूरा एक वसन्त है
कल पत्ते नहीं थे और कल झर चुके होंगे
आज का दिन पूरा का पूरा एक वसन्त है
और तुम एक वृक्ष हो
अपनी हर उग सकनेवाली पत्ती के
और अपने हर खिल सकनेवाले फूल के साथ
और सिर्फ़ इतनी झुकी हुई
कि मैं तुम्हें उठँग कर छू ले सकता हूँ

1960

# स्मरण : नागफनी

तेरे स्मरण का असीम सुख मुझे
कि काँटा भी फूल आया मेरे बगीचे।

1960

# साँझ

साँझ
साँऽ झऽ
हर चेहरा विदा है—

1959

# दु:ख तेरे होने का

आत्मसमर्पण के क्षण में
जब तू फूट-फूटकर रो उठती है
अपनी करुणा से घिर कर,
—तो जानती है मुझे क्या देती हैं तेरी आँखें,
तेरे अनावृत उरोज और सिहरता कनकतन :
एक दु:ख तेरे होने का,
और होकर प्यार करने का,
और प्यार कर समर्पित हो जाने का।
फिर मैं तुझे कामना से नहीं देख पाता
क्योंकि आँसुओं में डूबकर तू इतनी अधिक मेरी हो जाती है
कि मुझे सुन्दर और अस्पृष्ट और अक्षत लगने लगता है
मेरी बाँहों में समाया तेरा बचपन
जिसमें तू रोती है
और जो दु:ख देता है
तेरे होने का—

1960

# कहाँ होती है दुनिया

कहाँ होती है दुनिया उस समय
जब मैं तुझे अपने सारे अंगों से थाम लेता हूँ
और एक तृप्ति में स्थिर कर देता हूँ
तेरा सौन्दर्य?

जब हम सुन्दर होते हैं
अपने शरीर के उस विह्वल गुम्फन में
कहाँ होती है दुनिया उस समय
उसके वे क्षुब्ध पिता और पागल-परेशान भाई
क्यों उस समय दफ़्तरों या क्लासों में
काम करते होते हैं,
और क्यों सिर्फ़ हमारे लिए सुरक्षित छोड़ दिया जाता है
हलकी धूप में उजला सुनसान,
खिड़की के बराबर आकाश का एक नीला टुकड़ा
और एक उत्तेजक दोपहर?
कहाँ होती है दुनिया उस समय
जो बाद में मोड़ पर मिलती है—परेशान
पर हमें अपमानित करने को तैयार,
अपनी-अपनी पत्नियों से अतृप्त अनुभवी बुजुर्गों की
बदहवास और हितैषी दुनिया
कहाँ होती है उस समय?
—जब हम सुन्दर होते हैं
एक उत्तेजक दोपहर में
अपने शरीर के उस विह्वल गुम्फन में।

1961

# खुल गया है द्वार एक

जबसे तुमने अँधेरी उत्सुक देहों को
एक उज्ज्वल गुम्फन में कुसुमित होने दिया
खुल गया है द्वार एक भविष्य में—
ठहर जाते हैं हमारे हाथ
हम उस द्वार को छू लेने को बढ़ रहे होते हैं;
और जब तृप्त होते हैं
किसी आत्मीय आकाश में दीप्त होकर हमारे चेहरे
तब तुम्हारी बाँह
एक खुलता-खुलता पथ है
जो उस द्वार तक जाता है
और मेरा हृदय उस पर झपकता हुआ
एक नीला तारा
जो धीरे-धीरे गाता है—

1961

# बच्चे

बच्चे गा रहे हैं
चट्टान के पार से
नीले के परे
आराम करते पुरखों को पुकारते-जगाते हुए

बच्चे फेंक रहे हैं
एक गेंद
मृत्यु के पार
इस उम्मीद में कि पिता
वापस भेजेंगे

बच्चे उड़ा रहे हैं
एक पतंग
अनन्त में
जानते हुए कि माँ
उनमें खिलौने लटकाकर लौटायेगी

बच्चे खेल रहे हैं
अपने निरंतर होने
अमर होने का एक अन्तहीन खेल
पुरखों के साथ
और मृत्यु को पराजित करते हुए
बच्चे गा रहे हैं...

1978

# ईब के किनारे

ईब के किनारे
वह थी।
उसका अप्रतिहत लावण्य था।

ईब का पानी न उसे जानता था
और न उस लालची आकाश को जो
उस पर झुका था।

ईब के किनारे लोग थे
अनजान लेकिन व्यस्त।

रेत पर चट्टानों के नीचे
रेंगते कीड़े-मकोड़ों का मनोरम संसार था

मैंने पहली बार नाम सुना ईब का
मैंने नहीं देखा ईब को
फिर भी पाया
ईब के किनारे वह ईब थी
बिना ईब के जाने।

1983

# मैंने उससे कहा

मैंने उससे कहा
उससे नहीं
दूब की नोक पर
धूप में झिलमिलाती
ओस की बूँद से,
दोपहर की सूनी डाल पर बैठी
गुपचुप बैठी
पलाश के दहकते फूलों से घिरी नीली चिड़िया से,
नंगे पहाड़ पर
आकाश को झेलती
शाम की अकेली खिड़की से,
कहा–
न ओस ने, न दूब ने,
न धूप ने, न चिड़िया ने
किसी ने नहीं सुना
सुना सिर्फ़ उसने जिससे
शायद मैंने नहीं कहा।

1983

# आओ

आओ,
जैसे अँधेरा आता है अँधेरे के पास
जैसे जल मिलता है जल से
जैसे रोशनी घुलती है रोशनी में।

आओ,
मुझे पहनो
जैसे वृक्ष पहनता है
छाल को
जैसे पगडण्डी पहनती है
हरी घास को।

मुझे लो
जैसे अँधेरा लेता है जड़ों को
जैसे पानी लेता है चन्द्रमा को
जैसे अनन्त लेता है समय को।

1984

# प्रतीक्षा

प्रतीक्षा एक शब्द नहीं है
वह अँधेरा है
जिसमें खड़े तुम
उसके रोशन होने की बाट
जोह रहे हो।
प्रतीक्षा से जुड़ती है कामना
अँधेरे से अँधेरा,
जैसे एक तारे से
दूसरा चमकता हुआ तारा—
और फिर सबको चीरती हुई
आती है उसकी आवाज
बारिश की तरह सबको भिंगोती हुई
और प्रतीक्षा को
एक दीप्त हरीतिमा का
गौरव देते हुए।
प्रतीक्षा एक शब्द नहीं है
प्रेम का प्रफुल्ल वैभव है।

1984

# क्या?

उधर चिड़ियों के कुछ दबे-से शोर में
हरी दूब की नोक पर चमकता ओसकण क्या तुम हो?

सुबह के ठण्डेपन के विरुद्ध
फूलों के अन्तर्तम में जो लौ-सा दीप्त है
क्या तुम हो?

गरमाहट और राहत की एक अदृश्य पर अवश्यंभावी
दीपशिखा क्या वह!
इस क्षण सब कुछ को ढाँपे हुए
जिसके पार वृक्ष और दृश्य झिलमिला रहे हैं
वह कुहरा क्या तुम हो!

और यहाँ अथक प्रतीक्षा
अनन्त प्यास
अपार आभार
क्या मैं हूँ?

अन्तरिक्ष के किस गवाक्ष से
एक क्षण के लिए
तुम्हें देख सकते हैं देवता?

1980

# कहाँ ?

बहुत उजाला है
और उसमें एक अँधेरा कोना खोजते हैं हम
जहाँ चीखते संगीत और शोरगुल के बीच
जयजयकार के तुमुल के बीच
उसकी आवाज़ सुन सकें।

छू सकें उसके हाथ
उसका शरीर
उसकी गरमाहट
उसका संकोच
उसकी उत्सुकता

और कहें
कि सौभाग्य यह है
उन दो वृत्तों के बीच
उन दो के बीच की गहरी आर्द्र घाटी में।

जब सब थे
यहीं आसपास
तब कहाँ थीं तुम सुमुखि ?
जब कोई नहीं है आसपास
तब कहाँ हो तुम सुमुखि ?

1982

# पृथ्वी

न जाने किस बरगद
किस पीपल किस इमली के
नीचे
खेलकर आयी है
यह नटखट पृथ्वी!

न जाने उसकी जेब में
क्या अंगड़-खंगड़ भरा है
और शरीर पर न जाने
कितनी खरोंचें हैं?
न जाने किससे झगड़कर
खींचतान कर आयी है
यह शरारती पृथ्वी?

अपने सलमों-सितारों के साथ
राजा बेटा की तरह
खड़ा आकाश देखता है
पता नहीं किस धातु की
बनी है यह पृथ्वी?

1984

# पुत्र-जन्म

कागज़ों और क़ायदों की
सनसनीख़ेज़ गली से
ऊबे और नाराज चेहरों के बीच से
हाँफता हुआ आकर
जब मैं रुका
तो मैंने देखा
सामने विजय से भरी और परिपूर्ण
वह एक बेहोश स्त्री थी
प्रतीक्षा के एक लम्बे झिलमिल सिलसिले के बाद
एक झरने की तरह द्रवित होती हुई।

सफ़ेद पवित्रता से लिपटा हुआ
अब सब कुछ शान्त था
पीड़ा की शारीरिक परिक्रमा के बाद
और पवित्रता की गोद में दुबका हुआ
अचरज जैसा सुकुमार वह था।

दोनों के बीच
सम्भावना का काँपता हुआ
नीला उजास था।

1968

# ऑफीसर्स क्लब

21 दिसम्बर, 1966

चीजें बदल रही हैं
उसने मुझसे अचानक कहा
हालाँकि मैंने देखा
उसके पीछे हिलते परदे का रंग
वैसा ही चटख़ और उठाईगीर था।
उसके चेहरे पर
कोई दबाव नहीं आया था यह कहने में।
मुझे पता नहीं चला कि वह ख़ुश है या उदासीन या घबराया हुआ।
नया साल शुरू होने के ऐन पहले की शाम थी
कम से कम उस शहर में काफ़ी ठण्डी और बदराई हुई-सी।
मुझे उसे जाने एक दिन भी नहीं हुआ था।

दूर खड़ा एक बड़ा अफ़सर कुछ हास्यास्पद से कपड़ों में व्यस्त था
लड़कियाँ भगाने के क़िस्से सुनाने
और अपने कपड़ों का बेमेलपन समझाने में
उसे घेरकर खड़ा मातहतों और दोस्तों का गोल
बार-बार बुक्का फाड़कर हँसता था
उस हड़बोंग में
किसी को इन्तजार या ख्याल नहीं था
किसी शुरुआत का।

मैं अब भी अपने साथी की बात समझने में लगा था।
चीजें आख़िर कहाँ बदल रही हैं?
उसके प्रेम में, या भाषा में
या दूर समुद्रतट के किसी घरौंदे में?

आख़िर कहाँ?
दीवार पर टँगे नक़्शों में? गड्ढों-पटी सड़कों पर?
वहाँ सब कुछ सन्तुलित था
उसका जवान और भोला चेहरा भी :
एक हलकी-सी दयनीयता में
उस शाम क्लब की हर चीज डूबी हुई थी
यहाँ तक कि उस बड़े अफ़सर का मुझे यों ही बुलाकर
यह कहना भी :
"अगर तुम्हारा लड़का पन्द्रह बरस से बड़ा होने लगे
तो उसे मार डालना
बड़ा सरदर्द साबित होगा।"

मैं अपने प्रेम से दूर था
और अपनी भाषा
अपने साहस से
अपने युवा होने की सारी नाटकीयता से।

वह मुझसे धीरे-से बोला
"चीजें बदल रही हैं :"
(मैंने-चीख़कर-पूछना-चाहा-आखिर-कहाँ?)
"पहले इस क्लब में जनरल स्टोर नहीं था
और जुनियर लोग नहीं आते थे।"

1967

# हरियाली-सी दीप्त

प्रतीक्षा
हवा है खिड़की से आती हुई
कुछ भीगी-सी बारिश से—

एक अदृश्य फूल-सा
खुला है प्रणय-निवेदन

उसकी देह
अपने श्यामल वैभव में
झिझकती है

कामना
खिड़की के बाद दीखती
हरियाली-सी दीप्त है।

1985

# वहीं है वसन्त

वहीं है वसन्त
जहाँ चूमकर टाँक गयी वह
पुष्प एक अनन्त।

1985

# भर गई सुगन्ध

उसके शरीर में भर गयी सुगन्ध
जैसे आकाश में नीलिमा
और दूब में हरीतिमा—

अब आश्चर्य की तरह खुला है संसार
और एक-एक पंखुरी की तरह
खिलता मुरझाता रहेगा समय।

1985

# क्योंकि तुम हो

क्योंकि तुम हो—

शब्द छू पाते हैं अर्थ
धूप बिछती है सीढ़ियों पर
चिड़िया उड़ जाती है नीलिमा में
गान लेकर

क्योंकि तुम हो—
हरी पत्ती होती है लज्जारुण
ठण्ड से सिहरती है देह
कामना से आत्मा

क्योंकि तुम हो—
आकाश भर जाता है
बच्चों की किलक से
और पृथ्वी
फूलों और फलों से

क्योंकि तुम हो—

1986

# केलि

मैं बिछाता हूँ धरती का हरा बिछौना
मैं खींचता हूँ आकाश की नीली चादर
मैं सूर्य और चन्द्रमा के दो तकिये सम्हालता हूँ
मैं घास के कपड़े हटाता हूँ
मैं तुमसे केलि करता हूँ।

1985

## शब्द क्या सिर्फ छूते हैं तुम्हें?

शब्द क्या सिर्फ़ छूते हैं तुम्हें
वैसे ही जैसे
हवा या धूप छूती है?

अपनी आभा
अपनी गन्ध के साथ
शब्द क्या पुष्पित नहीं होते
उस वृक्ष पर
जो तुम हो?

1986

# वापसी

वह आ गयी है

हवा में बसी फूलों–वनस्पतियों की सुगन्ध
बहुत नन्हें हाथों की तरह नरम बारिश
यहाँ से अदृश्य वृक्षों पर चमकती धूप
अपने असंख्य गानों के साथ भी सुनसान अन्तरिक्ष

एक बच्ची
अपना बस्ता भूलकर
चहकती हुई चढ़ती है स्कूल की बस में

वह आ गयी है
जैसे अनन्त में आ गया है समय
द्वार पर आ गया है सौभाग्य
दूब पर आ गयी है ओस पर आ गयी है धूप
पर आ गयी है बारिश पर आ गयी है हरियाली

वह आ गयी है

1986

# प्रणय निवेदन

क्या मैं भेज सकता हूँ
अपने शब्दों के साथ
थोड़ा-सा चन्द्रमा
एक संज्ञा भर,
एक क्रिया बराबर आकाश,
एक विशेषण जितनी हरीतिमा?

आख़िर कब तुम जानोगी—
यह रात-दिन की बारिश,
यह उसमें झींगुरों की अथक पुकार,
यह हर कुछ को छूती-घेरती हवा
मेरा प्रणय निवेदन है!

1986

# सूर्योदय

उसका आकाश भर जाता है
आभा से ऊष्मा से
रंगों से कलरव से
प्रेम सूर्योदय है शरीर का।

1986

# प्रतीक्षा

दूर के उस मोड़ पर मैं
जब किसी को देखता हूँ,
जानता हूँ :
और कुछ है, बादल या पक्षी या सोनकिरण!

1959

## उस पार

मैं उस पार नहीं गया—
यह नहीं कि जाना नहीं चाहता था,
यह भी नहीं कि मुझे अनजाने में जाने का कोई डर था,
यही कि मैं नहीं जा पाया
मुझे समय ही नहीं मिला।

बाज़ार से लाने थे छहों महाद्वीपों के नक्शे अपनी बेटी के लिए,
अपने दोस्त के अधबने मकान को देखने जाना था,
उधेड़कर सिलवाने थे अपने लिए
ढेर सारे पुराने कपड़ों से कुछ नये लगते बड़े कपड़े,
फिर बीमे की किस्त भरनी थी,
बाज़ार में तंगजेब बिना लालच के घूमना था,
इतवार की छुट्टी निठल्ली बितानी थी,
कतार में खड़ा होना था,
सभा में बवज़ह जाना था,
एक पुराना गाना भूले शब्दों के साथ गुनगुनाना था।

मैं जानता था कि
अगर थोड़ी सी फुरसत होती
तो मैं जा सकता था
धूप और अँधेरे के पार,
रात और दिन के पार,
अन्तरिक्ष और खगोल के पार,
कि मैं बीन सकता था झरे हुए फूलों की तरह नक्षत्र—
छा सकता था नीलिमा की तरह आकाश पर—
ढँक सकता था वनस्पतियों की तरह धरती को—

अनन्त की तरह बटोर सकता था समय को—
पर
मैं
उस पार
नहीं
गया।

1987

# थोड़ा-सा

अगर बच सका
तो वही बचेगा
हम सबमें थोड़ा-सा आदमी—

जो रौब के सामने नहीं गिड़गिड़ाता,
अपने बच्चे के नम्बर बढ़वाने नहीं जाता मास्टर के घर,
जो रास्ते पर पड़े घायल को सब काम छोड़कर
सबसे पहले अस्पताल पहुँचाने का जतन करता है,
जो अपने सामने हुई वारदात की गवाही देने से नहीं हिचकिचाता—

वही थोड़ा-सा आदमी—
जो धोखा खाता है पर प्रेम करते रहने से नहीं चूकता,
जो अपनी बेटी के अच्छे फ्राक के लिए
दूसरे बच्चों को थिगड़े पहनने पर मजबूर नहीं करता,

जो दूध में पानी मिलाने से हिचकता है,
जो अपनी चुपड़ी खाते हुए दूसरे की सूखी के बारे में सोचता है,

वही थोड़ा-सा आदमी—
जो बूढ़ों के पास बैठने से नहीं ऊबता
जो अपने घर को चीज़ों का गोदाम बनने से बचाता है,
जो दुख को अर्ज़ी में बदलने की मजबूरी पर दुखी होता है
और दुनिया को नरक बना देने के लिए दूसरों को नहीं कोसता।
वही थोड़ा-सा आदमी—
जिसे ख़बर है कि
वृक्ष अपनी पत्तियों से गाता है अहरह एक हरा गान,

आकाश लिखता है नक्षत्रों की झिलमिल में एक दीप्त वाक्य,
पक्षी आँगन में बिखेर जाते हैं एक अज्ञात व्याकरण–

वही थोड़ा–सा आदमी–
अगर बच सका
तो वही बचेगा।

1987

# सड़क पर एक आदमी

वह जा रहा है
सड़क पर
एक आदमी
अपनी जेब से निकालकर बीड़ी सुलगाता हुआ
धूप में—
इतिहास के अँधेरे
चिड़ियों के शोर
पेड़ों में बिखरे हरेपन से बेख़बर
वह आदमी

बिजली के तारों पर बैठे पक्षी
उसे देखते हैं या नहीं कहना मुश्किल है
हालाँकि हवा उसकी बीड़ी के धुएँ को
उड़ाकर ले जा रही है जहाँ भी वह ले जा सकती है

वह आदमी
सड़क पर जा रहा है
अपनी ज़िन्दगी का दुख-सुख लिये
और ऐसे जैसे कि उसके ऐसे जाने पर
किसी को फ़र्क़ नहीं पड़ता
और कोई नहीं देखता उसे
न देवता न आकाश और न ही
संसार की चिन्ता करनेवाले लोग
वह आदमी जा रहा है
जैसे शब्दकोष से
एक शब्द जा रहा है

## लोप की ओर

और यह कविता न ही उसका जाना रोक सकती है
और न ही उसका इस तरह नामहीन
ओझल होना

कल जब शब्द नहीं होगा
और न ही यह आदमी
तब थोड़ी-सी जगह होगी
ख़ाली-सी
पर अनदेखी
और एक और आदमी
उसे रौंदता हुआ चला जायेगा

1988

# वह आदमी

जो चला गया है
अभी थोड़ी देर पहले यहाँ से
वह एक आदमी ही है
यह कहना मुश्किल है—

उसका कोई निशान बाक़ी नहीं है
न ही पहचान

वह कुछ छोड़ भी नहीं गया है
कोई चीज़, पुरानी चप्पलें,
चिट्ठियाँ या एक गुनगुनाहट ही सही

यह सही है
कि माहौल में एक उदासी-सी है
जो पत्ते झरने या
चिड़िया के अपना घोंसला छोड़कर
कहीं और उड़ जाने पर नहीं होती है

एक बहुत हलकी दस्तक-सी है
जो न देवता देते हैं
और न हवा
इसलिए सन्देह तो जरूर होता है
कि वह आदमी ही रहा होगा
पर अचरज इस पर है
कि उसने अपने पीछे कुछ नहीं छोड़ा है

न धब्बा, न निशान, न दाग़, न छाया
सिवाय इस सन्देह के कि
वह आदमी ही रहा होगा—

1988

# दुख

एक आदमी अलस्सुबह
अपने दुख को टोकनी में भरकर
बेचने जाता है सब्ज़ीमण्डी।

एक आदमी अपने दुख को
लकड़ी की तरह टेकता हुआ
चढ़ता है
दफ़्तर की सीढ़ियाँ।

एक औरत
अपने दुख को
पुस्तक के पन्नों के बीच
सूखी पत्ती की तरह छिपाये हुए
पढ़ाती है बच्चों को कबीर के दोहे।

एक आदमी
अपने दुख को जलाकर
करता है उदासीन देवता की आरती।

एक गरीब बच्चा
गन्दे पनाले के किनारे बैठकर
एक गिलास को
थोड़े-से दूध और
ज्यादातर अपने दुख से भरकर
पीता है।
दुख के तिनके और चीथड़े बीनकर

बनाती है घोंसला एक प्रसन्न चिड़िया।
गरमी के दुख में भी फूलता है अमलतास।

दुख की तरह अनिवार्य
और उसी की तरह दूर और पास
लगता है
हमको
आकाश।

1988

# लड़ाई

देवताओं से विरत
और योद्धाओं से उदासीन
वह आदमी लड़ता है
एक पवित्र लड़ाई।

बरसात में एक घड़ी बरसनेवाले
घन को
घर में चार घड़ी बरसने से बचाने के लिए
छितरा रहे छप्पर को
वक्त पर दुरुस्त करने की–

वह धीरे-से बोलता है
रोज़-ब-रोज़
वही गिनेचुने शब्द–
ज़रूरत के, इच्छाओं के,
एकाध सपने के, कोशिश के,
कुछ प्यार के, कभी-कभार नफ़रत के,
अस्पष्ट प्रार्थना के–

वह जाता है अपनी बेटी के साथ
और भरकर लाता है दूर से पीने का पानी।
वह बेटे को भेजता है मेहनत करने।
अपनी बीमार पत्नी को देता है केवल ढाढ़स,
वह पड़ोसी के यहाँ गमी होने पर
भेजता है दोपहर का खाना।
वह थोड़ी-सी छाँह पाकर

सो जाता है पेड़ तले।
वह लाता है अपने नाती के लिए एक सस्ता–सा झुनझुना।

वह आदमी
लड़ता है
अपने आदमी बने और बचे रहने की
कहीं भी दर्ज़ न की जानेवाली
एक पवित्र लड़ाई–

1988

# ऐसे जैसे

एक हल्का-सा इशारा
पत्ते का खड़कना
थोड़ी-सी लौ–
इनमें से कोई भी काफ़ी था
बचा सकने के लिए
पर जब वह
उस सुनसान गली की नाउम्मीदी में ढेर होने को था
तो उसमें गाढ़े अँधेरे
और सर्द पत्थरों के अलावा कुछ
नहीं था

ढाबे की उस मेज़ पर
नष्ट हुए बचपन की तरह
धीरे-धीरे सूख रहा था
पानी
और सामने की कुर्सी
खाली थी
किसी अप्रत्याशित देवता के लिए

कोई अन्देशा नहीं था
कि ऐसा कुछ होगा
न इसकी कोई ख़बर
ही लाया था
कि कोई आयेगा
दस्तक सुनायी पड़ी
पर उठा नहीं कोई

हाथ साँकल खोलने
या देने जवाब
उस पुकार का

एक आदमी
ऐसे ओझल हुआ
ऐसे हारा
ऐसे बीता
जैसे खिड़की के पुराने परदे
को हिलाकर जाती हवा,
जैसे जल्दी में ले जाये गये गिलास से उछला पानी,
जैसे असावधानी में जेब से
गिर गया काग़ज़।

1988

# गली में

सूर्य का स्वागत करता हुआ
अँगड़ाई की-सी मुद्रा में एक कुत्ता,
चक्का चलाने की होड़ में भागते दो बच्चे,
जो अब नहीं हैं उन दिनों के ख़्याल में
डूबा हुआ एक चेहरा
सिगरेट और करुणा के बीच संयमित,
एक पुरानी हवेली का अँधियारा भाग,
और उसकी ओर जाती हुई एक अधेड़ स्त्री,
माँ को पुकारता रोता एक गँवई बच्चा,
उसे देखती एक बच्ची और
पिछले दरवाज़े से पनघट जाती एक औरत,
गोधूलि में एक चूड़ियोंवाली,
भाफ का बादल और मज़दूर औरत,
धूपवलयित बरगद की जड़ों पर बैठकर
जंगल निहारते दो बच्चे,
उढके हुए भारी लाल दरवाज़े पर पड़ती
एक काली छाया,
लोकनर्तकों के दल से अलग
अनमनी-सी खड़ी एक लड़की—

उसने याद किया
यह सब
और पापपुण्य की पुरानी खूँटी पर
उतारकर रख दी अपनी जिन्दगी
कोई दूसरा आया
और उसे पहनकर गली में खो गया

1988

# बेख़बर

अपने पाँवों से
देश को नापता हुआ
और काल को कन्धे पर
अँगोछे की तरह धरे हुए
वह
गुज़रता है
बाजार से—

वह आँगन में
थककर बैठते हुए
पानी के लिए
पुकारता है अपनी बेटी को
और उसकी पुकार
शून्य शिखर के पार
अनहद गूँजती है
और भागकर एक देवता
उसके लिए
कलश में जल भरने का
करता है उपक्रम—

वह
शाम को अपने दोस्त के दरवाज़े पर
देता है दस्तक
और खुलता है एक द्वार
दूर अन्तरिक्ष में, नक्षत्रों के पड़ोस में—

वह
बेखबर
जैसे सारे इतिहास को
गुड़ीमुड़ी पुराने काग़ज़-सा
अपनी जेब में रखकर
रोज काम पर जाता है।

1988

# वे आयेंगे

वे देवदूतों की तरह
धवल-उज्ज्वल,
उदारचरित आयेंगे।

वे आश्वस्त करेंगे,
उनके पास होगा पाथेय,
नयनपथगामी,
वे देवदूतों की तरह आयेंगे।

तुमने उन्हें बुलाया न भी हो
वे आयेंगे।
वे उत्कर्ष का गान समवेत गायेंगे।

वे धीरे-धीरे बिना कुछ कहे
हथिया लेंगे तुम्हारी जगह।
हर लेंगे तुम्हारे वचन,
तुम्हारा रक्तकल्प कर
तुम्हें अपनी अस्थियों के अँधेरे में
चुपचाप छोड़कर
दिव्य निर्मम आभा से दीप्त
वे आगे चले जायेंगे।

वे देवदूतों की तरह आयेंगे
और नरक में तुम्हें छोड़कर
अपने स्वर्ग लौट जायेंगे।

1987

# वे

वे एक पिंजड़ा लायेंगे,
अदृश्य,
पर जिसे छोड़कर फिर
उड़ा नहीं जा सकेगा।

वे वचन देंगे आकाश का,
वे उल्लेख करेंगे उसकी
असीम नीलिमा का,
पर वे लायेंगे पिंजड़ा—

फिर वे धीरे-से समझायेंगे
कि आकाश में जाने से पहले
पिंजड़े का अभ्यास ज़रूरी है।

फिर वे कहेंगे कि आकाश में बहुत ख़तरा है,
कि कहीं नहीं है आकाश,
कि आकाश भी अन्ततः पिंजड़ा है।

फिर वे पिंजड़े में
तुम्हें छोड़कर
आकाश में
अदृश्य हो जायेंगे।

1987

# कहाँ है घर ?

कहाँ है वह घर
जहाँ हम वापस जाना चाहते हैं ?

1

राजापुर-गढ़ेवा का पैतृक घर
अब ढहने को होगा—
उसका छप्पर उड़ चुका था,
आँगन में बरसों पहले उग आये थे घास-झंखाड़,
वहाँ दिन में भी अँधेरा रहता होगा।
हो सकता है कि
कीड़े-मकोड़ों और नेवला-गिलहरियों के साथ
कभी-कभार पुरखे भटकते आ निकलते हों—
वह घर जो
पिता कुछ चौपाइयों के साथ
याद करते
अपनी मृत्यु में मानो साथ ले गये।

44 गोपालगंज सागर का मकान
कुएँ और हरिसिंगार के पेड़वाला,
जहाँ शुरू हुई कविता—
जहाँ हुआ प्रेमारंभ
जहाँ से शहर छोड़कर दूसरे शहर में जाना शुरू हुआ—
अब औरों के पास है, किराये का जो था,
बकौली-कठचन्दन के पेड़ अब नहीं दीख पड़ते
पिछवाड़े का चोपरा सूख चुका,
बन्द हो गयीं भगतें चमारों की,

हो गया मुहल्ला वह ऐसा
जहाँ हर मकान दूकान में बदलने की होड़ में है—
उस भीड़ और हाहातूती में खोजना मुश्किल होगा
बचपन का बस्ता, संगाती, छुपकर खायी चाट
आकशनीम के मिथुनों के ऊपर का नीलाकाश—

2

वह घर
क्षितिज के पार है—
जहाँ गन्ध है सदियों की,
जहाँ डेरा है पुरखों का,
जहाँ उजास है भविष्य के शिशुओं का,
जहाँ सारा समय एक साथ है
जैसे कई सारे यात्री सुस्ताते बरामदे में,
जहाँ मृत्यु हमेशा खाली हाथ वापस जाने वाले
अतिथि की तरह बैठी हुई—

वह घर
असंभव है
उस तक पहुँचना
वह है :
पर उस तक जाने का रास्ता
किसी को नहीं मालूम—
न ही वह इस ज़िन्दगी
या इन शब्दों से होकर जाता है—

कहाँ है वह घर?

1987

## धूल की तरह सच

हमें खुद ही पता नहीं है
हम इतने सारे सच
उठाये चल रहे हैं।

अपने समय का सच,
अपने समय में आदमी के धीरे-धीरे
ग़ायब हो जाने का सच,
चीज़ों, लालच और डाह के बढ़ जाने
और जगह के कम होते जाने का सच,
दिन-ब-दिन भरोसा न किये जाने का सच,
चूहादौड़ में शामिल होकर हार जाने पर
पैदा होनेवाले वैराग्य का सच,
बड़े सच के भ्रम में
छोटे-छोटे सचों को हिकारत से
घूरे पर फेंक दिये जाने का सच,
दूसरों के दिये ढाँचे में
अपने को लगातार ढालते रहने का सच,
कई दिनों के बासी पानी को
बदलने और घड़े को पता भी न चलने का सच-

किसी पुराने कमरे में
बरसों से पड़े फरनीचर पर जमी धूल की तरह
सच हमारे ऊपर है
और उसी में छायी चुप्पी की तरह

यह इत्मीनान भी
कि इस धूल को साफ़ करने
कोई नहीं आयेगा।

1988

# मुझे चाहिए

मुझे चाहिए पूरी पृथ्वी,
अपनी वनस्पतियों, समुद्रों
और लोगों से घिरी हुई,
एक छोटा-सा घर काफ़ी नहीं है।

एक खिड़की से मेरा काम नहीं चलेगा,
मुझे चाहिए पूरा का पूरा आकाश
अपने असंख्य नक्षत्रों और ग्रहों से भरा हुआ।

इस जरा-सी लालटेन से नहीं मिटेगा
मेरा अँधेरा
मुझे चाहिए
एक धधकता हुआ ज्वलन्त सूर्य।

थोड़े-से शब्दों से नहीं बना सकता
मैं कविता,
मुझे चाहिए समूची भाषा--
सारी हरीतिमा पृथ्वी की
सारी नीलिमा आकाश की
सारी लालिमा सूर्योदय की।

1987

# नर्तकी

1

फूलों भरी डाल झुककर
जैसे बहते पानी से बतियाती है
और फिर हवा के झोंके में डोलकर
वापस हो जाती है स्थिर।

2

उसके पैरों में घुँघरू बजते हैं
जैसे नक्षत्र गाते हों
आकाश में।

3

अह अपने एकान्त को भरती है
अपने शरीर की लय से,
लालित्य से
उसकी आत्मा
उसे अपलक निहारती है
जैसे पक्षी देखता है
आँधी में तिनके-तिनके उड़ता
घोंसले के लिए जमा सारा का सारा सामान

4

वह छू जाती है आकाश
वह घूम आती है अन्तरिक्ष
वह दूसरों का प्रेम व्यक्त करते लजाती है

वह दूसरों की कथा कहती है अपने शरीर से
वह कहीं नहीं जाती
वह रहती है
अपनी आत्मा के अँधेरे में जड़
दूसरों को पल्लवित-कुसुमित करती हुई

5

चौंधियाते प्रकाश में
अनगिनत आँखों के घेरे में
सबके बीचोबीच
वह अकेली नाचती है
अकेलेपन से खोजती है
अपने लिए जगह

6

वनप्रान्तर में
एक अनाम वृक्ष की डाल पर
एक हरी पत्ती को ठेलकर
खिलता है एक अदृश्य पुष्प
और हवा समझती है
कि थिरक रहा है
छिटककर भी
वनदेवी के चरणों से
एक नूपुर।

1987

# सद्यःस्नाता

पानी
छूता है उसे
उसकी त्वचा के उजास को
उसके अंगों की प्रभा को–

पानी
ढलकता है उसकी
उपत्यकाओं शिखरों में से–

पानी
उसे घेरता है
चूमता है

पानी सकुचाता
लजाता गरमाता है
पानी बावरा हो जाता है

पानी के मन में
उसके तन के
अनेक संस्मरण हैं।

1987

## विदा

तुम चले जाओगे
पर थोड़ा-सा यहाँ भी रह जाओगे
जैसे रह जाती है
पहली बारिश के बाद
हवा में धरती की सोंधी-सी गन्ध
भोर के उजास में
थोड़ा-सा चन्द्रमा
खण्डहर हो रहे मन्दिर में
अनसुनी प्राचीन नूपुरों की झंकार

तुम चले जाओगे
पर थोड़ी-सी हँसी
आँखों की थोड़ी-सी चमक
हाथ की बनी थोड़ी-सी कॉफ़ी
यहीं रह जायेंगे
प्रेम के इस सुनसान में

तुम चले जाओगे
पर मेरे पास
रह जाएगी
प्रार्थना की तरह पवित्र
और अदम्य
तुम्हारी उपस्थिति
छन्द की तरह गूँजता

तुम्हारे पास होने का अहसास

तुम चले जाओगे
और थोड़ा-सा यहीं रह जाओगे

1988

# शेष गाथा

बची रहती है आशा—
गरमी से सब कुछ सूख जाने के बाद भी
डबरे में बची रहती है
थोड़ी सी नमी।

भारी चट्टान के नीचे
दुबके से बचे रहते हैं
वीरबहूटी के दल।

हरहराती चन्द्रभागा
लील जाती है सब कुछ
घर-द्वार ढोर-डंगर
खेत और बाग—
बची रहती है
किसी पेड़ से उलझे छप्पर पर
एक छोटी सी बच्ची।

अस्वीकार की क्रूर चुप्पी के बाद
बचा रहता है
एक अनसुना पर स्पन्दित शब्द।

बची रहती है
आशा—

1990

# बची हुई

घर में धीरे-धीरे बिना धुएँ के
बुझती आग,
जंगल के हरे मौन में वर्षा का सन्देह,
खिड़की पर विजड़ित बूढ़ा चेहरा।

मुहल्ले में पानी के लिए सुबह से मचता शोर,
पगुराती गाय के बगल में
आराम से सोया खेतिहर,
सामने की सड़क पर भागती भीड़ से उदासीन
गुलमोहर की डाल पर बैठा अकस्मात् नीलकण्ठ।

स्कूल की ओर भागती साइकिलों को चलाते
बालपैरों की गोरी एड़ियाँ
जासूसी उपन्यास के कुछ गायब पृष्ठ,
सुबह-सुबह पुरानी सारंगी मिलाता हुआ एक युवा हाथ।

आँसुओं की धुंध से देखी गयी
ढलती उम्र से बूँद-बूँद टपककर
हारती हुई उम्मीद।

झगड़ालू पड़ोस से तंग आकर
कहीं और रहने की तलाश,
हारकर थककर
जो भी है उसे बचाने की
शब्द से
फिर भी बची हुई आशा।

1990

## यह समय है

उन्मत्त भीड़ के रेलपेल से
पीछे छूटकर
अपने हाथों में थमाये झंडों को चुपचाप
किनारे रखकर
अपनी झोली में बचे सपनों और प्रेम को
टटोलते हुए
किसी सड़क किनारे की बेंच पर बैठकर
सुस्ताने या पीछे हटने का नहीं
ठिठकने का समय है—

फिर आ रही है हल्ले की एक और लहर
और यह शताब्दी
शब्दों और सपनों के अर्थ बदल रही है
बदल रही है पोशाकें, पताकाएँ, गालियाँ
हथियार और हरकारे
यह शामिल होने से ज़्यादा
घिरती शाम की बची-खुची रोशनी में
अपनी खिड़की पर थमने और
अँधेरे में डूबते क्षितिज को
एक बार फिर देखने का समय है—

वह अधेड़ों की मण्डली में
चुटकुले सुनाकर समय काटने से,
यह बूढ़ों की कोसती-झींखती जमात को
किसी तरह बरदाश्त करने के लालच से बचने का
समय है—

यह बच्चों के सरल संसार से
सपने चुराकर अपनी झोली में रखने का,
यह अपने खुरदरे हाथों को
अपने लहूलुहान शब्दों को
आँखों में पानी की आखिरी लकीर की तरह
बाक़ी उम्मीद को
सहेजने का समय है—

1990

# शताब्दी से बेख़बर बूढ़ा

शताब्दी और उसके बीतने से बेख़बर
एक बूढ़ा कुरसी डालकर पेड़ के नीचे
आराम से पढ़ता है एक पुराना अख़बार—
शोर मचाते बच्चे खेलते हैं पास ही
लुका-छिपी का पुराना खेल,
एक गिलहरी कुरसी के बहुत पास पहुँचकर
फुदकती हुई भाग जाती है,
चींटों की एक कतार थोड़ी दूर से
बिना उसे देखे गुजरती रहती है,
थोड़ी देर के लिए
घरवाले भी भूल जाते हैं कि वह है
और वहाँ धूप में कुरसी पर बैठा है।

सूखी पत्तियाँ गिरती हैं
गिरता है समय
गिरती है धीरे-धीरे
पीली पड़ती धूप।

अपने अँधेरों और झिलमिल उजालों के साथ
एक थकी-माँदी बुढ़िया की तरह आती है आयु
और सुस्ताने बैठती है पास के चबूतरे पर
बिना पहचाने और बेरुख़ी से
बूढ़ा देखता है
जैसे उसे उससे कुछ लेना-देना न हो।
मुहल्ले की एक नटखट बच्ची आती है
अचरज और चाव से देखती, हैरान होती है

दो बूढ़े खिलौनों को
और ताली बजाते हुए भाग जाती है।

फिर आती है रोज़मर्रा की आवाज़ें
झंझट और आपाधापी की
खोने-पाने की, रोने-हँसने की
और समूचे दृश्य को
मानो स्लेटपट्टी से पोंछ कर
चली जाती है।

1990

# दरवाज़ा

दरवाज़ा खुल सकता था। कोई खोले तभी नहीं। अपने आप भी, क्योंकि पूरी तरह बन्द नहीं था। किसी ने किया ही नहीं। सबको जाने की जल्दी होती है, ठीक से बन्द करने की नहीं। जाने के बाद दरवाज़ा भुला दिया जाता है। अगर न जाते और वहीं बन्द या घिरे रहते तो दरवाज़ा बना रहता—उसका ख़्याल रहता। दरवाज़ा : घिरे हुए को रोकता है और अनघिरे हुए को अन्दर आने से थामता है। दरवाज़ा न हो तो घिरा-अनघिरा गड्डमड्ड हो जाये। आवाजाही दरवाज़े से होती है : पर फिर भी थोड़ा सा बाहर अन्दर और थोड़ा सा अन्दर बाहर फिसल ही जाता है क्योंकि दरवाज़ा कभी पूरी तरह से बन्द नहीं होता। हम ऐसा करना जानबूझकर भूल जाते हैं।

1990

# नहीं

पता नहीं था कि क्या करना है या कहाँ जाना है? सोचने का वक़्त भी नहीं था। वक़्त तो था पर इच्छा नहीं थी। इच्छा तो थी पर हिम्मत नहीं थी। कोई वहाँ नहीं जाना चाहता जहाँ मालूम न हो कि कहाँ है? कहीं नहीं से भय लगता है। कुछ नहीं से भी। अकसर नहीं से भी। इसलिए बिना तैयारी के चल पड़े। नहीं, थोड़ी सी तैयारी थी। कुछ हाथ लगेगा इसकी आशा नहीं थी। कहीं पहुँच ही जायेंगे इसका आश्वासन नहीं था। कहीं कुछ है जिस तक पहुँचना या जिसे पाना चाहिए ऐसा भरोसा भी नहीं था। इतने सारे नहियों के बीच या उनसे घिरे चलना कठिन था लेकिन कोई और विकल्प भी नहीं था। ऊहापोह था, दिग्भ्रम था, ग्लानि थी, पश्चात्ताप था पर विकल्प नहीं था। यह भी एक नहीं ही था। चलते रहने का हठ था या विवशता। निश्चल भी रहा ही जा सकता था। पर दूर एक कौंध थी, एक लपक थी—यकायक आलोकित हो जाने की संभावना थी। थी भी और नहीं भी थी। बहुत उलझन थी। झिलमिल में गोधूली में एक पगडण्डी थी जिस पर पहले कोई नहीं गया था। हमने सोचा था कि उस पर हमें कोई नहीं देखेगा। वह नहीं की पगडण्डी थी। नहीं की पगवट नहीं की वीथिका। नहीं की गली। हम इतना चलने के बाद अन्ततः नहीं तक ही तो पहुँच पाते हैं।

1990

# अनुपस्थिति

हम एक दिन ईश्वर के घर गये। उनसे वैसे कोई ख़ास पहचान नहीं थी पर इतना नाम था उनका मुहल्ले में कि सोचा जब यहीं रहते हैं तो सौजन्य के नाते मिल आना चाहिये, कम से कम एक बार तो। वे यहाँ बहुत पहले से रहते हैं। बल्कि लोग तो यह मानते थे कि वे ही यहाँ सबसे पहले आये थे। उनका घर भी बहुत पुराना था हालाँकि अब हर साल उसमें कुछ रंगरौगन लग जाता है। तो जब हम पहुँचे तो ख़ासी भीड़ और शोरगुल था : कनफोड़ संगीत भी, अधिकतर बेसुरा। लोग आपस में अधिक मिल रहे थे, उनसे बात करने, लगता था कि कम ही आये हैं। हमें प्रतीक्षा करना पड़ी क्योंकि उन तक सीधे पहुँचना आसान नहीं था। और जहाँ हमें खड़े होने को मुश्किल से जगह मिली थी वहाँ से वे दीख नहीं रहे थे। जब हमारी बारी आयी और हम पास पहुँचे तो हमने पाया कि दरअसल वे वहाँ हैं ही नहीं। हो सकता है कि बाकी सब को नज़र आ रहे हों और हमसे ही ओझल हो गये हों। इस रहस्य से या कि अपना ही भण्डाफोड़ न हो जाये इस डर से हम चुपचाप वहाँ से चले आये : इतने सारे लोगों को, जो आँखें झुकाये उनकी ओर जा रहे थे, अपनी-अपनी चिन्ताओं में डूबे हुए, हम किस मुँह से बताते कि वे वहाँ नहीं हैं। हो सकता था कि कहीं सैर करने गये हों या कि वहीं कोने पर छुप कर हमसे लुकाछिपी खेल रहे हों। हम एक दिन ईश्वर के घर गये।

1990

## पुकार

अँधेरे में अकल्पनीय आलोक की तरह कोई पुकारता है। सड़क पर थककर ढेर हो जाने के पहले मोड़ से कोई पुकारता है। किसी अनाम सुदूर कन्दरा से, किसी अदृश्य गवाक्ष से, किसी असंभव नदीतट से कोई पुकारता है। घाटी में चट्टान के पास उगे छोटे से बिरछे की किसी डाल से पक्षी की तरह और नदीजल में लुढ़कते जा रहे पत्थर की कातरता से कोई पुकारता है। भविष्य की एक शताब्दी की मेज़ पर जमा क़ाग़ज़ों के ढेर से किसी अनाविष्कृत शब्द की तरह कोई पुकारता है। सारा पाथेय गँवा चुकने के बाद जब हम किसी अनजानी परछी में बैठ अपनी नियति पर विलाप करने को होते हैं तो कोई पुकारता है। जब सड़क पर अपने सामने हुई हत्या की गवाही देने से बचकर हम भाग जाना चाहते हैं, तो कोई पुकारता है। जब जीने के विन्यास में हम भटक रहे होते हैं तो किसी प्राचीन कवि की आवाज में कोई पुकारता है।

1990

# अचानक

जब वह क्षण आया तो बिलकुल अचानक जिनके जीवन में वह आया उन्हें स्वयं इस अकस्मात् की कोई आशा नहीं थी। उस हरे-भरेपन में उस प्रस्फुटन का अवसर यों तो हो सकता था पर होगा यह किसी ने नहीं सोचा था। शायद उस क्षण को भी पता नहीं था कि अपनी सहज लय से उसे उस मुक़ाम तक पहुँचना होगा। निम्ननाभि था वह क्षण, पर यों कहीं नहीं था। उस शरीर से उस दूसरे शरीर के उस रसविभोर स्पर्श में उसकी संभावना हुई। यों वह बीत गया पर जैसे आकाशगंगा में लोप हो जाने के बाद भी नक्षत्र कहीं-न-कहीं बना रहता है वह भी बना रहा। उसे सिर्फ वे जानते और देख पाते हैं जिनके जीवन में वह विस्मय की तरह घटा था। चुम्बन का वह पहला क्षण और उसका आर्द्र स्पन्दन तिरोहित नहीं हुए। वे लय हो गये जिसे प्रायः, नीरव ही, उनके शरीर गाते रहते हैं।

1990

# किस नाम से

उसे किस नाम से पुकारूँ?
नाम देना उसे भाषा की एक चौहद्दी में
सीमित करना है...

आग कहूँ
या उससे भीगूँ बारिश की तरह
ओस की तरह
नदी के अटूट जल की तरह
उसे लपेट लूँ हवा की तरह
फूलों की हँसी की तरह
उसे पृथ्वी की तरह
फैला दूँ आकाश के आर-पार
उसे सजा दूँ नक्षत्रों की तरह
अपने गवाक्ष पर
उसे जड़ दूँ समय के झरोखे में
कभी धूमिल न पड़नेवाली छवि की तरह

या कि उसे रख दूँ
कविता में अलिखित शब्द की तरह
अक्षर और अलक्षित–

भाषा की कगार पर खड़ा
मैं उसे किस नाम से पुकारूँ–
जो उसे मुक्त करे
आकाश में, पृथ्वी में,
जल, पावक और समीर में?

1994

# विलम्ब

उसे आने में देर हो रही है
मेरी प्रतीक्षा की गति कुछ तेज़ है

हो सकता है
घेर लिया हो
लालची समय ने
कामातुर देवताओं ने
धीरे-धीरे सब कुछ को नम करती ठण्डी ओस ने

हो सकता है
देवकन्याएँ उसे सजा रही हों
संशय के फूलों से
संकोच के आभूषणों से
लज्जा के परिधानों से

हो सकता है
वह भटक गयी हो
किसी आकाश की भूलभुलैया में
अनन्त के किसी गलियारे में
देवताओं के किसी दुश्चक्र में
उसे आने में देर हो रही है
और यह शताब्दी बीतने-बीतने को है–

1994

# उसका जन्म दिन

आज उसका जन्मदिन है :
जन्मदिन है असंख्य किसलयों का
जो फैलाते हैं उल्लास और ताज़गी सारी वसुन्धरा पर,
जन्मदिन है अनाम वनस्पतियों का
जो सघन वन में बुनती हैं हरे-भरे सपने,
जन्मदिन है उज्ज्वलता का
जो व्यापती है
संसार के अँधेरे कोनों और आत्माओं के गह्वरों में।

जन्मदिन है सुन्दरता के
ज़िद कर पवित्र बने रहने का,
निराश होकर भी
प्रेम में बने रहने का।

जन्मदिन है आज
निश्छल हँसी का–
कविता के सौभाग्य का–
परिपक्व प्रणय का–

आज उसका जन्मदिन है।

2003

## वर्षगाँठ से अगला दिन

एक दिन और
गाँठ के आगे का,
खुला हुआ–

कोमलता में एक और पंखुरी
उज्ज्वलता में एक और क्षण,
परिपक्वता में एक और भराव–

एक दिन और
फिर उसका,
उसी का
जैसे दिन की शिला पर
उत्कीर्ण हो
सिर्फ़ उसका हरा-भरा नाम
घास से।

2003

# वही है

वही है
और कौन हो सकता है–
प्रार्थना के पहले शब्द की तरह पवित्र
हरी पत्ती के कम्पन की तरह ताज़ा,
अज्ञातनाम चिड़िया की तरह रंगारंग,
इस एकान्त की तरह उदात्त,
हलकी ठण्ड में गरमाहट की तरह काम्य–
वही है
और कौन हो सकता है?

2003

# मैं उसे

मैं उसे पुकारना चाहता हूँ
संसार की हज़ारों भाषाओं और बोलियों में,
मैं हरेक भाषा में उसके नाम का
अनुवाद करना चाहता हूँ–
मैं संसार की तमाम भाषाओं में
प्रेम, प्रतीक्षा, कामना के
पर्याय खोजकर उनका उच्चारण करना चाहता हूँ–
ताकि उससे हज़ारों शब्दों में प्रेम
हज़ारों शब्दों से उसकी प्रतीक्षा
और कामना कर सकूँ–
उस अकेली अद्वितीया को
हज़ारों नामों से घेर सकूँ!

2003

# कहता हूँ

मैं वृक्षों से कहता हूँ
अपनी हरियाली से बनाओ एक पालकी
और उसे ले आओ;
फूलों से कहता हूँ
अपने परागों से बनाओ एक पालकी
और उसे ले आओ;
आकाश से कहता हूँ
अपने अँधेरे-उजालों से बनाओ एक पालकी
और उसे ले आओ;
पक्षियों से कहता हूँ अपने पंखों और कलरवों से
बनाओ एक पालकी
और उसे ले आओ—
मोड़ पर मिलते हैं जितने देवता
उनसे कहता हूँ कि पालकी ढोकर उसे ले आओ
मैं अगवानी में अपने द्वार खड़ा हूँ।

2003

# वह है

इस रात में
वह चन्द्रमा है।
इस रास्ते पर
वह घर है।
इस हवा में
वह डोलता वृक्ष है।
इस पानी में,
वह गहरे डूबी अविचल चट्टान है।
इस दरवाज़े पर
वह अदृश्य उँगलियों की छाप है।

# सुन्दर बीतता नहीं

सुन्दर बीतता नहीं
ओट हो जाता है
हम उसे खोजते हैं
देवताओं से अरक्षित कोनों-अँतरों में
किसी पूरी याद न रह गई उक्ति में
निश्छाय वृक्षों के नीचे
सूखे गोबर और काठ हो गए फलों के अवसाद में

हम उसे भूलना चाहते हैं
रोज़मर्रा की ऊब में
बेवजह खाने की मेज़ पर हो गई कलह में
आँसुओं की धुंध के पार
सुन्दर बीतता नहीं
ओट हो जाता है...

1995-96

# यही

यही बचता है
गिलास में थोड़ा-सा बासी पानी
बदरायी रात में अर्द्धचन्द्र के आसपास एक नीला-सा वृत्त
कई गँवाए अवसर, दूसरों की इतनी सारी कविताएँ
मल्लिकार्जुन मंसूर के संगीत से भी न सध पाता विषाद
यही बचता है

पूजा-घर में कुछ पल के लिए पवित्र ज्योति
कविता में बहुत सारी धुंध और
बरसात में न जाने कहाँ से आ गए चींटों की क़तारें
सब-कुछ को निष्पलक ताकते पूर्वज
यही बचता है

सब-कुछ झर जाने, पियराने के बावजूद बची एक हरी पत्ती
थकान से चूर शरीर में हरारत की एक आख़िरी कौंध
निराशा के लंबे-अँधेरे गलियारे में अचानक झिर आई
रोशनी की एक लकीर
यही बचता है

चीज़ों के बीच भटकती एक पुकार,
सन्नाटों को चीरता एक सहमा-सा अस्फुट गान,
पुस्तकों के जाले-भरे कोनों में झिझकता एक शब्द,
अपने अवसान की प्रतीक्षा करता एक कवि
यही बचता है

1995-96

# उम्मीद चुनती है 'शायद'

उम्मीद चुनती है अपने लिए एक छोटा-सा शब्द
शायद—

जब लगता है कि आधी रात को
दरवाज़े पर दस्तक देगा वर्दीधारी
किसी न किए गए जुर्म के लिए लेने तलाशी
तब अँधेरे में पालतू बिल्ली की तरह
कोने में दुबकी रहती है उम्मीद
यह सोचते हुए कि बाहर सिर्फ़ हवा हो
शायद।

फूलों से दबे संदिग्ध देवता के सामने हो रही
कनफोड़ आरती, कीर्तन
और घी-तेल की चीकट गंध में
किसी भुला दिए गए मन्त्र की तरह
सुगबुगाती है उम्मीद
कि शायद अधपके नैवेद्य और चिपचिपाती भक्ति के नीचे
बची रह गई हो थोड़ी-सी प्राचीन पवित्रता।

जब लगता है कि भीड़-भाड़ भरी सड़क पर
सामने से बेतहाशा तेज़ आ रहा बेरहम ट्रक
कुचलकर चला जाएगा
उस न-जाने कहाँ से आ गई बच्ची को
तभी उम्मीद
किसी खूसट बुढ़िया की तरह
न जाने कहाँ से झपटकर

उसे उठा ले जाएगी
नियति और दुर्घटना की सजी-धजी दूकानों के सामान को
तितर-बितर करते हुए।

शायद एक शब्द है
जो बचपन में बकौली के नीचे खेलते हुए
अकस्मात् झरा था फूल की तरह
शायद एक पत्थर जो खींचकर किसी ने मारा था
परीक्षा में अच्छे नम्बर न पाने की उदासी पर...
शायद एक खिड़की है जिससे देखा था
धूमिल होती जाती प्रियछवि को
शायद एक अनजली अस्थि है
जिसे मित्रशव को फूँकने के बाद
हम वहीं भूल गए
जहाँ चिता थी
और जिसे आज तक किसी नदी में सिरा नहीं पाए हैं।

उम्मीद ने चुना है
एक छोटा-सा पथहारा शब्द
'शायद'।

1995-96

# सुख का प्रस्ताव

मैं सुख का प्रस्ताव करता हूँ—
इस चिलचिलाती धूप में
प्रसन्न खिला है अपने सारे अंग-प्रत्यंग भर अमलतास
फूलों-भरा गुलमोहर अपनी ही लौ-लपक से
इतना घिरा है कि
नज़र तक नहीं आती उसकी हरी पत्तियाँ;
दु:स्वप्नों और चिंता के कड़े समय में
मैं प्रस्तावित करता हूँ थोड़ी देर के लिए
सब कुछ को, इस समूचे बीहड़ संसार को
अपनी परिक्रमा में रत इस पृथ्वी को भूलने-तजने-छोड़ने को
और सिर्फ़ उस स्पंदन को सुनने को
जो परस्पर हम दोनों का है;
एक दिन मुरझाने की प्रतीक्षा से दुखी
या अंतत: झर जाने की नियति से उदास नहीं है
अमलतास या कि गुलमोहर
उन्हें जितना समय मिला है
उसमें प्रसन्न खिले हैं
इस समय को अपने रंग में रँगते हुए
और पँखुरी-पँखुरी चुनते और बिखेरते सुख—
मैं इसी सुख का प्रस्ताव करता हूँ।

हम अभी खिले
हम अभी काल से छीनकर
इन झणों को भरें सुगंध से, अभिषेक से
हम पर सुख की छाया हो—
मैं इसी सुख का

जो सिर्फ़ हमारा है
हम ही से है
हम ही तक है—प्रस्ताव करता हूँ।

1995-96

# सिर्फ़ मुझे नहीं

तुमने सिर्फ़ मुझे नहीं
तुमने चूमा
मेरे स्पंदित तार-मंद्र जीवन को
सुदूर बचपन को
सभी प्रेमों को
प्राचीन जन्मकथा को
विस्मृत जन्मान्तरों को—
अंतःसलिल दुखों और सुकुमार सुखों को...

तुमने छुआ
सिर्फ़ मेरे होंठों या हाथों-भर को नहीं
तुमने छुआ
मेरे जन्म की अँधेरी कंदरा में
अकस्मात् छा गई प्रभा को
कविताओं में भटकते आदिशब्द की व्यथा को—

तुमने
सिर्फ़ तुमने
तुम्हीं ने।

1995-96

# उसकी जगह शब्द

मैंने सोचा उसके अब वहाँ न होने से जो ख़ाली पर उससे अभी भी स्पंदित जगह बची है वहाँ कुछ शब्द रख दूँ। मुझे डर था कि थोड़ी-सी देर बाद वह जगह उसे भूल जायेगी और हवा में सुगंध की तरह बचा हुआ उसके होने का वह स्पंदन शांत हो जायेगा। वह जगह फिर पहले ही तरह ख़ाली हो जायेगी—उसे अपने कुछ देर के लिए उसकी उपस्थिति, उसके होने की आभा से भरे जाने की याद नहीं रहेगी। पता नहीं वह इस जगह को याद रखेगी या नहीं! पता नहीं इस जगह की याद में वह बची रहेगी कि नहीं! पर जगह पर शब्द कहाँ रखे जायेंगे? वे भी तो रहेंगे याद में ही! जगह को याद में रखे शब्द उससे जोड़ेंगे और फिर स्पंदित होकर स्वयं भी ओझल हो जायेंगे। शब्दों के बाद न वह बचेगी, न जगह, न स्पंदन। जो बचेगा उसके लिए शब्द कहाँ?

1995-96

# उस दिन

उस दिन जब
तुम नहीं आओगे
तो क्या यह दिन आएगा?
मेरी आयु में?

सुबह होगी लगभग उतने ही समय
अँधेरे पर उजास और धूप,
फिर दुख आएगा
दिन-भर साथ रहेगा।
नाश्ते की मेज़ पर
दफ़्तर के काग़ज़ों के साथ
काफ़ी हाउस में कुछ कम नमकीन
साँभर-बड़ा खाने के वक़्त
दुख रहेगा साथ उस दिन।
अभी बाकी व्यस्तता को भूलकर
जैसे उसकी डायरी में वह पूरा दिन
मेरे लिए ही रखा गया हो।

निराशा आएगी
बैठने और वह भी देर तक
बिना बात या काम बैठी रहेगी पास
उस दिन।

अदृश्य पर अबूझ पक्षी की तरह
प्रतीक्षा फिर मँडराएगी
आसपास।

सब कुछ होगा और दिनों की तरह
वह दिन ही नहीं होगा
उस दिन
जब तुम नहीं आओगे।

1995-96

# कहीं नहीं के घर में

कैसा कहाँ है वह घर?
किस मुहल्ले में,
किस पहाड़ी के नीचे
किन लता-गुल्मों से घिरा?
किसका घर?
उसका घर?
हमारा घर?
पूर्वजों या अनजानों की किस बस्ती
किस सुर के स्वराज में?
किस शब्द के शहर में?
सब कुछ छोड़कर
सभी राजों-शहरों
बस्तियों-मुहल्लों के पार
शून्य के पड़ोस से
हम किस
कहीं-नहीं के घर में
अग्निपथ से
भस्म होकर
रहने आते हैं?
इतनी सारी खिड़कियों,
दरवाजों,
आँगनों-ओसारों के
किस घर में
देवताओं-वनस्पतियों से अलक्षित
भाषा और कीड़ों से दूर

पाप–पुण्य से अस्पृश्य
अग्नि पताकाओं से घिरे
हम प्रवेश करते हैं?

1992

## घर और घर नहीं

वह आग का घर
लपटों और धुआँ का घर
राख और अस्थियों का घर
वह आँसुओं हिचकियों का घर
चीख और आर्तनाद का घर
विषाद का घर
वह मुक्ति का घर
अवसान का घर
अनुपस्थिति का घर
वह स्मृति का घर
सब कुछ पीछे छूट जाने का घर
न लौटने का घर
विराम का घर
विलय का घर
विलोप का घर
पुष्पागम से पहले का घर
अंत का घर
अनंत का घर
नेति का घर
नहीं का घर
न होने का घर
घर और घर नहीं।

1992

# दुनिया कुछ ठीक सी

अब एक दिन क्या,
थोड़ा सा समय भी नहीं होता
जब दुनिया कुछ ठीक सी लगे।
सुबह उठो तो हरियाली में चहकती चिड़िया
और हलकी ठंडी हवा में काँपती पत्तियाँ
सुंदर तो लगती हैं
पर यह यकीन नहीं दिला पातीं
कि सब ठीक चल रहा है।
कहने को यह उनका काम भी नहीं है।

सुबह-सुबह रेडियो पर आती है भजनावली
या कि गुर्जरी तोड़ी सा अहीर भैरव की सुरलहरियाँ
और नहीं तो कुक्कुट बिलावल
पर भरोसा नहीं होता कि
इतनी देर के लिए सही
दुनिया विन्यस्त हो गई,
अपनी धुरी पर आ गई।

हर समय चलती रहती है दुनिया में
गोलियाँ दुश्मनों पर नहीं तो पड़ोसी पर,
चुराते रहते हैं बच्चे गोदामों से नहीं तो
घूरों से जूठी रोटियाँ,
और बिसूरता है एक अधेड़ कवि
अपने शब्दों के लगातार अनर्थ पर।
धरती के जिस भी हिस्से में रात हो
सोते हैं कई बिना उजाले, सपनों के लिहाफ़ के :

जिस भी हिस्से में दिन हो
भागते हैं कई बेकुसूर हथकड़ी, फ़ाक़े और साहूकारों से।
बाज़ार में हर चीज़ दमक-चमक के साथ मिल रही है।
लालच का पारा एकदम ऊँचा चढ़ा हुआ है।
अंटी में न पूरा पैसा है, न टिकाऊ धीरज।
समय बेतहाशा ख़र्च हो रहा है
ज़िंदगी कम पड़ रही है।

लोगों के पास शब्द कम हो रहे हैं
जिसमें फूलों या सब्ज़ियों के नाम ले सकें,
अपने दुख और तकलीफ़ को नाम दे सकें।
सिर्फ़ दुख कहने से दुख का ठीक पता नहीं चल पाता।
शब्दों के बिना
आँखों में सूख गए आँसू की तरह
तकलीफ़ सूख जाती है
बाहर नहीं निकल पाती।

सुख के लिए तो छोड़ो
दुनिया अब दुख के लिए भी ठीक नहीं रह गई है।
कइयों के पास अब ऐसा दुख है
जो न दुनिया में समाता है, न किसी मसीहा के रामझरोखे में
न किसी दूकान के रंगीन लिफाफे में,
न शब्दों के किसी रूपाकार में।

शायद दुनिया लिखती है
अपनी असंख्य चीज़ों, हरकतों, धड़कनों और मौन से
शब्दों, दुखों, चिड़ियों, प्रार्थनाओं और अँधेरों से
कभी न ख़त्म होनेवाली एक कविता,
सदियों, कल्पान्तों तक चलने वाल एक रोज़नामचा,
एक अथक उपन्यास,
जिसमें सब दर्ज़ है
हमारा सुख-दुख, तकलीफ़ और सपने—
हम ही ठीकठाकपन के चक्कर में

उसे पढ़ने की हिक़मत नहीं जानते,
हिम्मत नहीं कर पाते।
दुनिया से पूछो तो पलटकर वह कह सकती है
कि ठीकठाक क्या होता है?
—दुनिया धड़ल्ले से चल रही है
कठिन, सुंदर और अंतहीन
शब्दातीत, सुख-दुख से, हमसे भी अतीत।

1997

# दूसरा रास्ता

दरअसल रास्ता एक ही था
कहने को दूसरा था
पर मुझे दीखा एक ही
—हो सकता है मेरी आँखें शुरू से कमज़ोर हों।

दूसरे रास्ते का सपना
लगातार दीखता रहा है—
बराबर लगता रहा है कि
शायद दूसरा आसान और बेहतर होता।
अपने रास्ते पर चलते हुए
उस पर लहूलुहान होते हुए
सोचता रहा हूँ कि
दूसरा अधिक सुरक्षित होता।

एक पर चलते हुए
हम अकसर दूसरे के बारे में सोचते हैं।

पर अगर सचमुच दूसरा था
तो शुरू में नज़र क्यों नहीं आया?
तब क्यों लगा था कि रास्ता एक ही है,
उसी पर जाना है?
अधरास्ते कब और कैसे
दूसरा ज़हन में उभरा
और कुछ इस क़दर कि
पहला उसकी मौजूदगी में
दुबक सा गया?

दूसरे रास्ते पर चलता तो क्या!
कविता की जगह
मकान बना-बेच रहा होता,
उम्मीदों और सपनों के बजाय
चीज़ों के अटाले से
ज़िंदगी भर रहा होता।
अंत में दूसरे रास्ते पर
अपनी अकारथ ज़िंदगी,
होने की व्यर्थता पर बिसूर रहा होता।

जिनके बारे में ख़याल था कि
वे दूसरे रास्ते से गए हैं,
आगे, पीछे या बग़ल में
उसी रास्ते पर मिले जिस पर हम थे।

अब जब रास्ता ही ख़त्म होने के अनक़रीब है
दूसरे के न होने का
मानो भेद सा खुल रहा है—
जैसे उसी रास्ते ने अपने पहले और
फिर दूसरे होने की माया रचाई है।

रास्ता एक ही था—
कभी पहला
कभी दूसरा—
कभी पहले पर
एक सपने की तरह मँड़राता हुआ दूसरा।

—हो सकता है
मेरी अधेड़ आँखें इधर और कमज़ोर हो गई हों।

1997

# भलमनसाहत से तंग

मैं अपनी भलमनसाहत से तंग आ गया हूँ।
इतने बरसों से
भले बने रहने के कारण अब ऊब होती है।

हमारा समय ऐसा कि भला होना
बेवकूफ़ी माना जाता है :
पीठ पीछे नहीं अब तो सीधे मुँह पर
लोग कहते हैं—
आदमी भला है पर किसी काम का नहीं।
पता नहीं काम का होने के लिए
भलमनसाहत इन दिनों काम क्यों नहीं आ पाती?

पहले शायद कुछ लोग ही नहीं
सभी भला होना चाहते थे
अब हर कोई सफल होने के चक्कर में है।
और सफल होने के लिए
भला होना न सिर्फ़ ज़रूरी नहीं है
अकसर आड़े आता है।

अक्सर इन दिनों लोग किसी के बारे में
प्राय: दया दिखाते हुए,
उस पर तरस खाते हुए कहते हैं :
आदमी भला है।
कहते भले न हों पर आशय यह भी होता है
कि किसी मसरफ़ का नहीं है।
ज़िंदगी में भला हुआ तो क्या हुआ?

अगर भले होने के कारण नहीं
तो उसके बावजूद
लोग नाराज़ रहते हैं;
अब तो ढिठाई से मुँह पर कहते हैं :
भले रहकर आपने क्या तीर मार लिया ?

दुनिया में रंग भी
उनकी वजह से हैं जो भले नहीं हैं;
जो घायल रहते हैं,
ख़ून बहाते हैं,
मुट्ठियाँ तानते हैं,
मुँह खिंचवाते हैं,
पीठ में छुरा भोंकते हैं,
बेईमानी से सही
अपना और आपका अटाला भरते हैं,
दूसरों के पैसे से बिना संकोच
रंगीनियाँ, मकान और
तमाम चीज़ें खरीदते हैं,
रसास्वादन करते हैं
और संगीत-सभा में चुप रहने के बजाय
बेवजह बतियाते रहते हैं,
धोखा देते हैं
और देवता के आगे रोज़ दिया जलाते हैं,
ऐरन की चोरी कर
सुई तक का दान नहीं करते,
जो शिकायत करते हैं,
चीख़-पुकार, हल्ला मचाते हैं,
वायदों से लगातार मुकरते हैं
पर आराम की खाते हैं वगैरह
वही हमारी दुनिया में रंग भरते हैं
—भलों का रंग तो भूरा
या बहुत हुआ तो सफ़ेद।
इस रंगारंग सदी के अंत पर

## भूरी या सफ़ेद दुनिया किस काम की?

यों तो दरवाज़ा बंद करने
या खिसककंर जगह देने पर भी
इन दिनों लोग धन्यवाद देते हैं
पर अहसान मानने का रिवाज़
पुराना होकर ख़त्म हो गया :
भला करने के इन दिनों
अहसान के बजाय दुश्मनी बढ़ती है।
कोई आता है
भलमनसाहत के पास तो
अक्सर उसे आज़माने और
फिर अपनी दुष्टता में वापस चला जाता है।
लड़ाई और मुठभेड़ के इस ज़माने में
भलमनसाहत अक्सर लड़ने का ढंग नहीं जानती।

कविता से, नौकरी से,
दोस्तों से भी हुआ नहीं
आखिरकार कोई भला
—इसीलिए मैं अपनी भलमानसाहत से तंग आ गया हूँ।

1997

## बार-बार

बार-बार झुँझलाता हूँ
कभी-कभी पछताता भी हूँ
लौटकर वहीं आता हूँ कि
मैं वह न हुआ होता जो मैं हूँ और हुआ
तो क्या होता!

कुछ नहीं
एक निर्लज्ज कवि,
एक कामातुर प्रेमी,
एक हँसमुख आदमी,
ज़िंदगी का मतलब खोजने की गधापचीसी में लगा एक व्यक्ति
न हुआ होता
तो क्या!

भला एक गपबाज़, यारबाश,
अपनी बेवकूफ़ियों पर लगातार हँसने वाले,
उनकी कृपाओं के लिए दूसरों का हमेशा आभार मानने वाले के न होने से
क्या कोई फ़र्क पड़ता है।

कुछ लोग
अनुराग को षड्यंत्र मानने की परेशानी से बचते,
कुछ बच जाते
बतकही में कह दी गई उक्ति का सिद्धांत बनाने से,
कुछ चैन की नींद सोते कि
एक मक्कार बेबाक सवाल नहीं पूछ रहा है।

मैं और क्या होता—
इस आधे-अधूरे सपने,
इस घबराए हुए सच,
इस काँपते अर्थवंचित शब्द
इस उदास कोशिश के बजाय—
इस सयाने अवसाद,
इस पथहारी रचना,
इस अकारण विनोद के बजाय
मैं भला और क्या हो सकता था!

बार-बार झुँझलाता हूँ
कभी-कभार पछताता हूँ
फिर जो हूँ और हुआ
उसी पर लौट आता हूँ।

1997

# अब वक़्त ही कहाँ बचा है

शताब्दी समाप्त होने में डेढ़ बरस बाक़ी है,
नल में बची हैं पानी की आख़िरी बूँदें,
इस बार बहुत कम फले आम में हिलगी रह गई
एकठो अमिया को कुतर रहा है सुबह से ही एक तोता—
अब वक़्त ही कहाँ बचा है :

देवताओं के चेहरे म्लान हैं,
बंद हो गई हैं पड़ोस में बज रहे संगीत की सुरलहरियाँ,
बच्चे अपने बेखिलौने के खेल से उकता गए हैं,
उझका फिर तुरत ओट हो गया कत्थई गुलाब—
अब वक़्त ही कहाँ बचा है :

अपनी कक्षा पर थक रही है पृथ्वी,
बस-अड्डे पर खड़ी अगली बस में रखा जा चुका बम,
परछी और हरी घास से दूर जा चुकी धूप—
अब वक़्त ही कहाँ बचा है :

फिर भी बिना थके या ऊबे,
वक़्त के इस तरह न बचने को
गर्दिश में भी कुछ-न-कुछ रचने को
अचरज से निहार रही है कविता—
भले ही उसे उधर छत पर या क्षितिज पर
ऐसा करते देखने का
अब वक़्त ही कहाँ बचा है!

1998

# वे आ गए

तय तो नहीं था कि अभी आएँगे,
पर वे आ गए चतुर-सयाने,
हमारे किए-अनकिए का बहीखाता लिए,
बिना बुलाए अपने आप।

वे सभ्य और संस्कारी थे–
उन्होंने कोई इलज़ाम नहीं लगाया,
सिर्फ़ मुहल्ले की कुछ अफ़वाहें बताईं,
फिर गरमी, राजनीति और बढ़ती क़ीमतों पर
बात की। न जवाब माँगा, न आगाह किया।
वे भद्राचारियों की तरह चले गए।

अब पत्ता खड़कता है तो उनका अंदोशा होता है।
अपनी ही उत्तप्त साँस लगती है खिड़की के नीचे छिपे किसी की है।
दूर की मेज़ पर बैठा कोई भी उनमें से एक लगता है।
सड़क पर बेतहाशा भागती बस की खिड़की से हमें ताकता चेहरा
उनमें से किसी का हो सकता है।
हम रहते हैं तो अपने सच में
पर उनके संदेह और अफ़वाह की चादर में लिपटे सोते हैं।
हमारे नाज़ुक से एकांत को दरकाती हुई
किसी दुष्ट देवता की तरह हर कुछ पर गड़ी है
उनकी आँख।

वे फिर नहीं आएँगे।

हम जानते हैं कि वे लौटकर गए ही नहीं
यहीं हैं—
अब हममें नए भय की तरह बसे हुए।

1998

# धरती को छुआ

मैंने इस धरती को छुआ
मुझे याद था कि
मैं इसकी गोद में नहीं खेला,
कि इसकी कई वनस्पतियों को मैं पहचानता नहीं
कि मुझे पता नहीं उसकी स्मृतियाँ और स्वप्न।

उसकी धूल में मिले नायकों और गाथाओं को
मैंने किसी सयानी-बूढ़ी औरत से सुना नहीं :
कहाँ है उसका नमक,
उसकी रोटियाँ कहाँ पकती हैं,
कहाँ इकट्ठा होता है उसके लिए शहद
और कहाँ बुना जाता है उसके ढँकने के लिए शॉल
मुझे ज़रा भी अन्दाज़ नहीं।

मेरी जानकारी में नहीं था
कि वह कैसे आती है सपनों में बच्चों के,
बूढ़ों के छीजते समय में,
कैसे देती हैं उन्हें राहत,
हत्यारों द्वारा उलीचे गये गरम लहू
और प्यार से बरबाद हुई अकेली युवती के आँसू
कहाँ रखती है सहेज कर
ताकि बाद में हिसाब के दिन
उन्हें सामने लाया जा सके।
मुझे यह समझ में आ सके इसकी कोई विधि नहीं थी
कि कैसे वह युवकों की जलती आँखों में
दुस्स्वप्न का भूगोल है

या बेसहारा लोगों के लिए
नींद और आराम की लम्बी आख़िरी गुफा
मैंने तो जब उसे देखा
वह धूप में उज्ज्वल थी
प्रेम की तरह,
हरी घास से स्पन्दित कविता थी—
वर्षा की प्रतीक्षा कर रही थी
जैसे कोई भोली बच्ची हो गरमी से परेशान :
मैं झुका
मैंने उस धरती को ऐसे छुआ
जैसे अपनी दिवंगत माँ के पाँव छू रहा होऊँ।

2001

# अगर हो सके (आश्विट्ज़-2)

अगर हो सके तो
मैं अपने समय के लिए
उम्मीद की एक नयी वर्णमाला लिखना चाहता हूँ।
कहाँ से शुरू करूँ 'अ'—
कुल तीन फ़ीट ऊँची झुग्गी में नवजात शिशु के रोने
और बर्फ़ से ढँके निर्जन अरण्य के वृक्ष के कोटर में
अपनी माँ की प्रतीक्षा करते पक्षी से?

'थ' लिखूँ यातनाशिविर में दूसरे से पहले
अपने को मरने के लिए प्रस्तुत करते युवक से या
जेल की दीवार पर मृत्युदण्ड की प्रतीक्षा करते हुए
नाखून से उकेरे गये पद्य से?

'ण' लिखूँ
आतंक के सामने लाठी, चश्मे और चरखे के
अविचलित रहने से या
दंगे की आग में सब कुछ राख हो जाने के बाद
एक लहूलुहान बुढ़िया को अपना घर खोजने में मदद करती
अपना सब कुछ गँवा चुकी औरत से?

अब जब अन्याय के कंगूरे दमक रहे हैं
जब क्रूरतम चेहरों की मूर्तियाँ चौराहों पर से अजायबघरों में हटा दी गयी हैं
जब घृणा एक सुगठित वृन्दगान की तरह छा रही है पृथ्वी पर
जब बिना क़ैद के भी हम सब बन्दी हैं अपनी क्षुद्रताओं में—
मैं अपने पोते के तोतले प्रश्न के उत्तर में कि 'तुम का कल्लै हो'
इतिहास की कभी न साफ़ हो सकने वाली स्याह पड़ती स्लेट पर

उम्मीद की एक नयी वर्णमाला लिखना चाहता हूँ
जिसमें संसार के सभी बच्चे
अपनी इबारत बिना हिचक और डर के लिख सकें।

2001

# आग और उसके बाद

वे आग बुझाने के बाद पीपल के नीचे बने चौंतरे पर
सुस्ता रहे हैं :
कल वे आग लगाने के बाद कुछ उसकी लपटों से,
कुछ अपनी फुरती से थक गये थे।
वे उस सबको मौका मिलने पर राख कर देना चाहते हैं
जो उनका नहीं है और कभी नहीं होगा :
रहीम की दूकान, अब्दुल का ढाबा, करीम का ठेला,
उसके बगल में रामस्वरूप का स्टोर
और यशोदाबाई की खोली।
जलाने-बुझाने का उन्हें लम्बा अभ्यास है—
नष्ट करने का सुख वे बरसों से जानते हैं
रचने और बचाने के अवसर उन्हें कम मिले हैं।

वे आग के अलावा अफ़वाहें फैलाना बखूबी जानते हैं—
पान की किसी दूकान से वे आग की तरह दूर सिनेमाघर तक,
खोलियों से कोठियों तक
अफ़वाहें फैला देते हैं ताकि
जल्दी ही लोग सड़क पर उतर आयें;
जीन की झंझट और हँसी-खुशी के सिलसिले सब थम जायें।
धमनियों में अदृश्य बहने वाला लहू
कुछ बाहर नज़र आने लगे।
वे चितेरे हैं
जो लहू के नक़्शे और चेहरे, तरह-तरह के अमूर्त आकार खींचते हैं।
आग लगाने के बाद सब कुछ को जलते देख दुख उन्हें भी होता है
बुझाने के बाद कुछ अच्छा करने का खुशनुमा अहसास।
वे जानते हैं कि

उनके पास कुछ भी नहीं है
न प्यार, न नफ़रत—
कुछ कर गुज़रने का हौसला भर
जिसमें वे आग लगाते, आग बुझाते है।
और फिर चौंतरे पर बैठकर सुस्ताते हैं।

2001

# अवशिष्ट

ठण्डी अँधेरी रात में
सिर्फ़ एक आवाज़ थी :
गरम साँसों में
ज़िन्दगी को कुतरते हुए समय की।

हाथ को हाथ न सूझे वाले घने कुहरे में
थोड़ी-सी गरमाहट और रौशनी देने के लिए
सड़क किनारे दरबानों के घेरे में
जल रही थीं कई कविता-पुस्तकें।

अभी तक ठण्डी न हुई राख के ढेर में
हड्डियों की तरह अनजले बचे थे
थोड़े-से शब्द।

2001

# अपने पोते की दूसरी वर्षगाँठ पर एक प्रार्थना

साठ बरस का हो जाने के बावजूद
मुझे एक भी पूरी प्रार्थना याद नहीं है :
अपने पिता को मैंने प्रार्थना करते कभी नहीं देखा था,
मेरी माँ ने मुझे कोई प्रार्थना नहीं सिखायी।
मैंने बहुत कुछ गँवा दिया है
पर प्रार्थना नहीं,
क्योंकि कोई भी पूरी कभी मेरे हिस्से में नहीं आयी।

तुम एक तुतलाता हुआ वाक्य हो
जिसके इर्द-गिर्द मैं एक प्रार्थना बुनना चाहता हूँ :
मैं उसमें गरमाती धूप, हरी पत्तियों का भय,
पक्षियों का अथक उत्साह,
खिलौनों की दिव्य आभा,
बरतनों में अन्न की आहट,
सपनों से भारी नींद,
आकाश में दिग्भ्रमित नक्षत्रों,
साथ देने वाले हाथों, दिलासा देने वाली आँखों
और न थकने-हारने वाले पाँवों को गूँथ देना चाहता हूँ।

मैं तुम्हारे लिए अभय की नहीं अदम्य की कामना करता हूँ,
मैं नहीं चाहता कि तुम्हें कुछ उपहार या वरदान की तरह मिले।
मैं नहीं जानता हूँ कि तुम्हारे बड़े होने पर यह संसार
लगभग वैसा ही गड्डमगड्ड और झिलमिल होगा
जैसा कि बुढ़ाते समय मेरे लिए है :
मैं तुम्हें अँधेरे से लड़ने के लिए न कोई मशाल दे सकता हूँ,
न उसे टोहने के लिए कोई लाठी।

मैं इतना भर चाह सकता हूँ कि
देर-सबेर तुम अपनी आग पा लो जिसमें लपक और रौशनी हो
और जिसे लड़-भिड़कर अन्त तक किसी तरह बचाये रख सको।
सपने और सच में अन्तर करना मेरे लिए हमेशा कठिन रहा है,
शायद यह भेद तुम ज़िन्दगी में जल्दी कर पाओ—
पर चाहता मैं यही हूँ कि
शुरू को आख़िर तक ले जाने वाली डोर
सपने की ही हो, भले सच से बिंधी हुई :
हम सपने के परिवार के हैं, सच की बिरादरी के नहीं।

यह मेरी उलझन नहीं ज़िम्मेदारी है कि
विरासत में मैं तुम्हें देवता नहीं पूर्वज सौंपूँ :
मैं तुम्हें बताऊँ कि अन्ततः हम हारते रहे हैं
पर बिना झुके या पछताये;
कि हम दूसरों के कृतज्ञ होते हुए भी
अपनी डगर पर चलते रहे हैं;
कि हम ज़रूरत के वक़्त काम आये हैं
भले हमें बाद में याद नहीं किया जाता रहा।

हमारा समय तुम्हारे से बेहतर या बदतर नहीं ठहरेगा।
वह भी अँटा पड़ा है
प्रेम से, कामना और पिपासा से,
अन्याय और क्रोध से, घृणा और बेचैनी से,
पर उसी में चमकते सवेरे रहे हैं और उदास आश्वासन,
लम्बी न कटने वाली रातें, अनाम चिड़ियाँ
भरोसे के शब्द, समयातीत तक पहुँचने वाले क्षण,
अन्त तक सक्रिय बूढ़े, फिसल-उलट जाते विन्यास,
उम्मीद के स्थापत्य, लपकती आकांक्षाएँ,
मटमैले पर अमिट सच भी।
उनमें से उत्तराधिकार में तुम क्या लेना चाहोगे यह तुम पर है
लेकिन हम रहेंगे तुम्हारे आस-पास अदृश्य समय की तरह,
जो शायद तुम्हें किसी भी हालत में निष्प्रभ होने से बचा सके।

मेरे पोते,
तुम ईश्वर की तरह निश्छल,
ब्रह्माण्ड की तरह अप्रत्याशित,
सूर्य की तरह नवजात,
अग्नि की तरह पवित्र,
पृथ्वी की तरह पुरातन हो
मैं तुम्हें इन शब्दों से प्रणाम करता हूँ
और उम्मीद करता हूँ
कि यही शब्द प्रार्थना की इबारत होंगे।

2001

## प्रार्थना–5

क्या मैं ऐसी प्रार्थना कर सकता हूँ
जिसमें तुम्हारी महिमा का बखान
तुम्हारा गुणगान
सृष्टि रचने, पृथ्वी–सूर्य–नक्षत्र गढ़ने के
तुम्हारे पराक्रम की स्तुति
तुम्हारी लीला, तुम्हारे अजर–अमर होने का उल्लेख न हो?

क्या मैं ऐसी प्रार्थना कर सकता हूँ
जिसमें तुमसे
तुम्हारी दया और करुणा से
तुम्हारे उदार क्षमाशील चरित से
अपने लिए किसी के लिए कुछ न माँगूँ?

क्या मैं ऐसी प्रार्थना कर सकता हूँ
जिसमें शब्द न हो कोई—
न स्वर, न आवाज़ :
न छटपटाहट, न आहट, न चीख़—
न कातरता, न समर्पण, न आत्मस्वीकृति?

क्या मैं ऐसी प्रार्थना कर सकता हूँ
जो बच्चों की हँसी जैसी खिलखिलाहट हो,
सुदूर वनप्रान्तर में बहते निर्झर की तरह
स्वच्छ और निर्लक्ष्य हो।
—जो फिर भी किसी और जगह नहीं
इसी संसार में प्रेम और सुन्दरता को नष्ट करते
समय का प्रतिरोध हो?

2001

# सरनाम सिंह की मृत्यु पर

दस पैंतालिस बजे रात को मुझे घर छोड़ने के बाद
सरनाम सिंह एक शव था,
ग्यारह पचीस बजे रात,
राममनोहर लोहिया अस्पताल के मुरदाघर में--
ईश्वर और पुलिस के अलावा किसी को पता नहीं था
कि वह एक आदमी
एक सड़क दुर्घटना में भैरों मार्ग पर
एक एम्बैसेडर कार से टक्कर मारे जाने पर ग्यारह बजे के करीब
सिर पर ज़बरदस्त चोट लगने से मौके पर ही मर चुका था।
ढाई बजे रात तिलक मार्ग थाने के सबइंसपेक्टर के फ़ोन से
उसकी मृत्यु की ख़बर पहले-पहल मुझे मिली
जिसे कुल पौने तीन घण्टे पहले वह कार में घर छोड़कर
हस्बेमामूल अपनी बाईसिकल पर अपने घर मयूर विहार की झुग्गी जा रहा था।
मृत्यु ने सब कुछ क़ायदे से तय किया होगा
कि उस भले आदमी को कब-कहाँ-कैसे दबोचना है
पछतावा यह है कि जीवन ने यह सब कुछ ताड़कर उसे बचाने के लिए
कोई जुगत नहीं की।

अपनी निस्सन्तान पत्नी को बहुत चाहने और उसे बच्चे की तरह
प्यार करने और बचाकर रखने वाला सरनाम
अब कहीं नहीं है सिवाय
नौकरी, बीमा, अस्पताल, थाने आदि के दस्तावेज़ों में
दर्ज एक नाम की तरह।
इस समय तक सरनाम तुम मर ही नहीं अपने गाँव में भस्म तक हो चुके हो,
इस समय तक 'तुम थे' यह वाक्य हमारे व्याकरण में आ चुका है,
हम सब लोग जीने और जीते रहने की अथक और बेशर्म कार्रवाई में लगे हुए

कभी-कभार तुम्हारी भलमनसाहत का ज़िक्र करते हुए तुम्हें याद करेंगे।
मृत्यु पता नहीं तुम्हारा क्या करेगी—
हम सब पर काल की छाया वैसे ही मँडरा रही है जैसे कि तुम पर,
हम सब भी जीवित हैं मरने तक जैसे कि तुम थे,
हम सब भी अन्त की ओर खिसक रहे हैं,
पर तुम्हारी मृत्यु के दो दिनों बाद यह सौभाग्य है कि हम जीवित हैं;
लेकिन यह भी सच है कि तुम्हारे मरने में कुछ हमारा भी मर गया
और वह क्या था हम जीते जी कभी नहीं जान पायेंगे—
हम तुम्हें भूलेंगे ताकि हमें अपना कुछ मरना याद न आये, सरनाम।

2000

## हिसाब-किताब

सयानी सीख तो यही है कि
अब समय रहते हिसाब-किताब ठीक कर लिया जाये
ताकि बाद में उलझन या परेशानी न हो उनको
जिनको ये सब मामले देखने-सुलझाने पड़ेंगे।
लेकिन अपने दुख-सुख गिनना कितना कठिन है :
अधिकांश तो अब याद ही नहीं रह गये हैं
और ऐसे सुख हैं जो इतनी दूर और देर से सोचो
तो दुखद-से लगते हैं–
ठीक वैसे ही ऐसे दुख हैं जिनसे अब कुछ सुख-सा मिलता जान पड़ता है।
जो बीत चुकी वह इन्हीं झमेलों में फँसी ज़िन्दगी थी,
जो बची है वह गिनती करने में कमज़ोर है।

मेरे साथ क्या हुआ इसका पूरा हिसाब तो मेरी ज़िन्दगी ही है
और उसे किताब में ले जाने की कुछ कोशिश तो की है
पर पूरी का अँटना कठिन है :
पूरी ज़िन्दगी को किताब में ले जाने की हिकमत मुझे आती भी नहीं है।
सुख-दुख में बाँटना भी कठिन है सब कुछ को :
उसमें ऐसा बहुत कुछ है जो
सुख या दुख कहकर समझा नहीं जा सकता।

जब मुझे ही हिसाब-किताब समझ में नहीं आ रहा है
तो कोई और कहीं बैठा मेरा हिसाब रख रहा होगा
इस पर मुझे यक़ीन नहीं :
उसमें जो औरों का हिसाब भी मिला हुआ है उसे कोई कैसे सुलझायेगा?
ज़िन्दगी एक शामिलात खाता है–

जो कहीं रखा नहीं जाता,
सिर्फ़ अपने आप लिखा जाकर मिटता रहता है
कुछ समय इस तरह कि उसे किसी हिसाब में लेना सम्भव नहीं।

2001

# रिवाज नहीं रहा

अब हृदय की व्यथा कहने का रिवाज नहीं रहा :
न कविता में, न देवता से,
न मित्र से।
किसी को इतनी-सारी चकाचौंध में दिखायी ही नहीं देता
सन्ध्या को विषण्ण चमकता नीला तारा,
न सुनायी देता है उसका अन्तरिक्ष में बिला गया मन्द्र गान।
सुबह, सबसे पहले, भोर के उजास से भी पहले, जागी चिड़िया का स्वर
नींद की सोयी घाटी के पार कोई नहीं सुनता—
उसे अकसर सुबह लाउडस्पीकर पर पड़ोस के मन्दिर से आ रही रामधुन
या दूर की मस्जिद से गुर्राती-सी अज़ान की पुकार
दबोच लेती है :
अब अकेले और चुपचाप प्रार्थना बुदबुदाने का रिवाज नहीं रहा।

हम दुखी होते हैं दूसरों की तकलीफ़ से
पर जल्दी ही व्यस्त हो जाते हैं और
चिन्ता करते रहते हैं कि कहीं आख़िरी बस न छूट जाये।
दूसरों के दुख आँख बचाकर हम कूड़ेदान में फेंक देते हैं
लेकिन अपने स्वार्थ तहाकर रखते हैं थैले या ब्रीफकेस में।
हमारा समय बेहद तेज़ लेकिन पता नहीं क्यों कम हो गया है,
अब धीरज से प्रतीक्षा करने का रिवाज नहीं रहा।

सुख अपने आप में कुछ नहीं है
अगर दूसरों को दिखायी न दे—
दुख तो धूल की तरह है
जो हमारे चाहे-अनचाहे भी जमा होती रहती है हर चीज़ पर

और जिसे साफ़ करना मुमकिन नहीं है।
हम जुलूस में भीड़ में कीर्तन में रेले में बह रहे हैं :
अब ठिठककर अपने आप को देखने का रिवाज नहीं रहा।

2001

# मैंने प्रार्थना की

मैंने प्रेम के लिए प्रार्थना की,
संग-साथ के लिए प्रार्थना की—
मैंने पड़ोस के लिए प्रार्थना की।
मैंने अज्ञात देवताओं से आग्रह किया कि
वे बचाएँ पवित्रता को
हमारे समय में घसीटे जाने से
कीचड़ में,
संग-साथ को रोटी-नमक की क़ीमत में बदले जाने से,
पड़ोस को दूसरों के कचरे का घूरा बन जाने से।

देवता अपनी प्राचीन मूर्तियों में विजड़ित
उदासीन देखते रहे निश्चेष्ट—
मैं उन्हें समझा नहीं सका कि
जिन शब्दों से मैं प्रार्थना कर सकता हूँ
उनसे कविता नहीं बना पाता :
मुझे लगा कि देवता और लोग
दोनों ही
प्रार्थना और कविता से दूर हो गये हैं।

अब मैं धूल-धक्खड़, ख़ून-कीचड़, राख से
शब्द उठाता हूँ
अभी भी जलने या भस्म होने से बचे हुए—
और कान लगाकर सुनता हूँ
उनमें पवित्रता की खनखनाहट
जिसे छोटी-छोटी क्रियाओं में
अभी भी समोया जा सकता है, बिना किसी देवकृपा के।

2001

# शब्द नहीं बचे

मेरे पास शब्द नहीं बचे :
सिर्फ़ कुछ सहायक क्रियाएँ, एकाध अव्यय
और दो-चार चुप्पियाँ और सिसकियाँ।
मैंने दूर से देखा कि
बहुत सारे शब्द
लहूलुहान पड़े हैं—
आग से झुलसे और राख हुए,
कुछ कराहते और घायल,
कुछ राहत की उम्मीद में हिलगे हुए,
ढहा दी गई दूकानों और
धराशायी हुए मकानों के पत्थरों के अँधेरों में।
कुछ बेहद मासूम लगते बच्चा चेहरों के साथ
घूरे पर पड़े थे जैसे कि कचरा हों—
मेरी हिम्मत नहीं हुई कि उन्हें उठाकर
इस बर्बर समय पर एक कविता बनाऊँ।

मैं अबोध नहीं था,
मैं ख़बर रखता था, अपने तई चौकन्ना था—
मैं जानता था कि लोग बात-बात में ख़ून के प्यासे हो जाते हैं
मैंने चौक-चौपाल में मारकाट के षड्यन्त्र बनते सुने थे :
मैं चुप रहा
क्योंकि मुझे भरोसा था कि
भाषा फिर बची रहेगी।

सड़ाँध और चिरायँध आ रही है भाषा से—
ख़ून, चिथड़े और बेरहमी से तोड़ी गई हड्डियों से लिथड़ी है भाषा :

प्रार्थना बन कई है एक खूँखार गाली
पड़ोस हत्याघर, गलियाँ हिंसा की वीथिकाएँ
जो कल तक अपने थे आज दूसरे बना दिए गए :
हत्यारों के चेहरे पर ख़ून के दाग़ नहीं दिग्विजय की आभा है
मैं असहाय देखता रहा हूँ कि कैसे शब्द गन्दे किए जाते हैं,
भाषा के विन्यास में घृणा कैसे बुनी जाती है,
मुहल्ले-पड़ोस को कविता से बाहर कैसे किया जाता है।

2003

## भले लोग

हर जगह, कितनी भी अजनबी,
मिल जाते है।
भले और मददगार लोग,
अचानक, जब उनके होने का कोई अन्देशा भी नहीं होता।
लोग जो रुककर, फिर कुछ साथ चलकर,
बिना भाषा जाने, समझा देते हैं कि हमें जहाँ जाना है
वहाँ किस तरह सड़क, किस मोड़ से पहुँचना होगा,
जो किसी कैफ़े में इशारतन बता देते हैं
कि भोजन कहाँ से उठाकर अपनी मेज़ पर लाना है;
जो ट्राम में कितने स्टॉप बाद उतरना होगा बताकर
अपने स्टॉप पर उतर जाते हैं;
जो भारी असबाब को उठाकर ट्रेन में ऊपर रखने में मदद करते हैं।

उन्हें पहचानना और याद रखना मुश्किल होता है
वे इतने साधारण और अज्ञातकुलशील होते हैं,
जो थोड़ी देर आपके साथ भलमनसाहत कर
फिर अपनी नामहीनता में लौट जाते हैं,
आपकी कृतज्ञता की प्रतीक्षा किए बिना।
वे भिखारियों या वेश्याओं को अपने पास आने
या आपको तंग करने से बरजते हैं।
वे अक्सर जल्दी में होते हैं;
वे भले होते हैं,
लेकिन उनके पास बहुत वक़्त नहीं होता है।

अँधेरे में आदमी होने की काँपती लौ
आपके हाथों थमाकर गुमनामी में

वापस चले जाते हैं वे लोग।
जब तक ऐसे लोग हैं
हमें देवताओं की कोई ज़रूरत नहीं पड़ती।

2003

# गिनती में दुख

जब भी मैं कोई गिनती करता हूँ
दुख उसमें पता नहीं कैसे और कहाँ से जुड़ जाता है।
अपनी बस्ती में गिनता हूँ नीम के चार पेड़ तो पाँचवाँ पेड़ देख का।
रखता हूँ कुँजड़े द्वारा तीन-चार थैलों में भर कर दी गई चार-पाँच सब्ज़ियाँ
और पाता हूँ कि उसमें अतकारी हरी धनिया की तरह
उसने अपना दुख भी रख दिया है।
मुझे कुछ घबराहट हुई
जब मैं गिन रहा था
अपने पोते की गुल्लक में भरे सिक्के :
मैंने उन्हें गिनना शुरू किया
—वह मुझे जल्दी गिनती पूरी करने के लिए तंग सा कर रहा था—
और पाया कि उन सिक्कों में से कुछ पर
घिसने के बावजूद दुख की चमक थी
जिसे मैं अपने पोते से छिपा गया।
मैं अपनी लायब्रेरी से उठाता हूँ
अपने प्रिय फ़िलीस्तीनी कवि का नया संग्रह
और देखता हूँ कि उसमें बुकमार्क की तरह
रखा हुआ है पुराना बिसर गया दुख।

पानी के गिलास से धोने के बावजूद लगी रह गई राख सा दुख,
दाल में कंकड़ सा किरकिराता दुख,
रोटी पर हलकी घी की चुपड़न के नीचे कत्थई चिट्टे सा उभरा दुख,
पुरानी चप्पलों में एड़ियों में धीरे-धीरे गड़ता दुख,
खिड़की पर धूप में कीड़े की तरह रेंगता दुख।
कहानी में बताये जाते हैं सात कमरे—
जिनमें से आख़िरी को खोलना मना है;

कोई नहीं बताता कि आठवाँ कमरा दुख का है
अदृश्य पर हमेशा खुला हुआ
बल्कि थोड़ा-थोड़ा हर कमरे में बसा हुआ।
मैं नहीं जानता था
कि हमारे समय में जीने के
गणित और व्याकरण दोनों
दुख को जोड़े बिना सम्भव नहीं है,
जैसे कविता भी नहीं।

2003

# डगमग

वह डगमग चलती है
तो सारी पृथ्वी डोलती है,
डगमगाता है आकाश,
डगमगाता है
आदिकाव्य, ऋग्वेद की ऋचाएँ,
मन्दिरों में विजड़ित देव प्रतिमाएँ,
मेरी कविता का टेढ़ा-मेढ़ा आँगन,
वन प्रान्तर में अचानक हो गया सुनसान,
कनफोड़ शोर के बीच चिड़िया की तरह दुबक गया मौन।
वह डगमग चलती है
तो सारा ब्रह्मांड थम जाता है
प्रतीक्षा करता हुआ कि
मेरी नातिन पहुँच जाए
अपनी माँ याने मेरी बेटी की गोद में।

2007

# पत्तों का अकथ

हम किसी से नहीं कहते
न फूलों से, न वृक्ष से, न पक्षियों से—
हवा को नहीं बताते,
आकाश को सुनाई नहीं दे सकती,
धरती को फ़ुर्सत नहीं सुनने की
पर हमारी भी कथा है :
उसमें सुख या दुख का वृत्तान्त नहीं,
न उद्गम का मिथक
न अन्त का आभास,
उसमें कोई कथा नहीं है—
एक पत्ते को गिरते हुए
दूसरे उगते हुए पत्ते में चुपचाप अनदेखे
बदल जाने भर का रहस्य है।

2005

## वहीं जाऊँगा

मैं वहीं जाऊँगा
जहाँ निशीथ के एकान्त अन्धकार में
चट्टानें विलाप करती हैं;
जहाँ वृक्ष अपनी हरीतिमा के आच्छादनों के पार सिसकते हैं;
जहाँ पक्षियों की डार यकायक चुप हो जाती है
जब उसे पता चलता है कि उनमें से एक
हमेशा के लिए पीछे छूट गया।
मैं वहीं जाऊँगा
जहाँ नदी-जल एक गड़हे में
नदी का आँसू बनकर ठिठका रह जाता है;
जहाँ शब्द ध्रुवान्त पर पहुँचकर डर से काँपता है कि
अब उसे कोई नहीं सुन पाएगा;
जहाँ पत्थर के नीचे उग आयी दूर्वा
जानती है कि उसे अब कोई पूजा के लिए नहीं ले जाएगा—
मैं वहीं जाऊँगा...
वहीं होगी मेरी जगह
होने के सुनसान में,
वहीं होगा मेरा ठिकाना
प्रार्थना और विलाप के बीच,
बढ़ती हुई धुन्ध के नज़दीक—
मृत्यु भी शायद वहाँ से ज़्यादा दूर न होगी।
मैं वहीं जाऊँगा...

2005

# यह तो हुआ नहीं

अब यह तो हुआ नहीं
कि वे आ जाते वहीं से जहाँ गए थे;
फिर भी हमने प्रतीक्षा की
जैसे वे उसी रास्ते आएँगे—
इस भरोसे का कोई आधार नहीं था
सिर्फ़ बेवजह एक उम्मीद थी।
हम इतनी देर तक राह देखते रहे
और भूखे-प्यासे वे पता नहीं कहाँ भटकते रहे
रेगिस्तान या जंगलों में।
उनमें कोई सम्बन्ध भी हमारा नहीं था
हम तो उन्हें संयोगवश मिले थे;
इतना काफ़ी नहीं था उन्हें
समझाने के लिए कि वे उस रास्ते न जाएँ;
हमें उसके ख़तरों का पता था
और उन अँधेरों का जो उन्हें ज़रूर दबोचेंगे उस रास्ते।
पर हम उन्हें आगाह करने से संकोच कर गए
और अब हमारी प्रतीक्षा पश्चात्ताप है
कोई उस ओर से आता दीखता है
तो हमें लगता है कि हो सकता है उनका कोई हरकारा हो
या उन्हीं में से से कोई।
पर कोई भी आकर नहीं कहता कि
वे नहीं आएँगे, कि वे कहीं और से लौट गए
कि वे अब लौटना नहीं चाहते, कि वे अब लौट नहीं सकते
हम उनकी नहीं अपनी प्रतीक्षा में खड़े हैं
जैसे हम ही थोड़ी देर बाद उस रास्ते लौटनेवाले हैं।

2005

# गाढ़े अँधेरे में

इस गाढ़े अँधेरे में
यों तो हाथ-को-हाथ नहीं सूझता
लेकिन साफ़-साफ़ नज़र आता है :
हत्यारों का बढ़ता हुआ हुजूम,
उनकी ख़ूँख्वार आँखें,
उसके तेज़ धारदार हथियार,
उनकी भड़कीली पोशाकें,
मारने-नष्ट करने का उनका चमकीला उत्साह,
उनके सधे-सोचे-समझे क़दम।
हमारे पास अँधेरे को भेदने की कोई हिकमत नहीं है
और न हमारी आँखों को अँधेरे में देखने का कोई वरदान मिला है।
फिर भी हमको यह सब साफ़ नजर आ रहा है।
यह अजब अँधेरा है
जिसमें सब कुछ साफ़ दिखायी दे रहा है
जैसे नीमरोशनी में कोई नाटक के दृश्य।
हमारे पास न तो आत्मा का प्रकाश है
और न ही अन्तःकरण का कोई आलोक :
यह हमारा विचित्र समय है
जो बिना किसी रोशनी की उम्मीद के
हमें गाढ़े अँधेरे में गुम भी कर रहा है
और साथ ही उसमें जो हो रहा है
वह दिखा रहा है :
क्या कभी-कभार कोई अँधेरा समय रोशनी भी होता है?

2005

## बर्बर और बचपन

पहली कठिनाई यह है कि
सभी बर्बर शुरू में बच्चे थे
सबकी तरह;
उन्हें भी धूप, तितलियाँ, चिड़ियाँ, हरी पत्तियाँ, मिठाइयाँ
पसन्द थीं;
उन्हें कई ललित छन्द याद कराए गए थे
जिनमें संसार, सुन्दरता, सहायता और कामना की स्तुति थी;
उन्हें वे धार्मिक कहावतें कंठस्थ थीं
जिनमें बताया गया था कि
जीवन प्रेम और सहयोग से भी सार्थक होता है।

दूसरी कठिनाई यह है कि
बड़ा होने पर उन्हें दूसरों की ज़मीन और पड़ोस,
जानमाल ध्वस्त करने का प्रशिक्षण दिया गया
और उन्होंने मुस्तैदी से अपनी जिम्मेदारी समझते हुए
सबको समान और मुनासिब बेरहमी से
मौत के घाट उतारा।
बूढ़ों-बच्चों-जवानों-स्त्रियों में
रत्ती-भर भेदभाव नहीं किया।
नष्ट करते हुए उन्हें खेल जैसा मज़ा आया
और उन्होंने अपनी जीत का शानदार जश्न मनाया।
फ़ोन पर उत्साह से अपनी पत्नियों, प्रेमिकाओं और बच्चों को
अपने सकुशल होने की सूचना दी।

तीसरी कठिनाई यह है कि
असल में बर्बरों को बचपन से गुज़रने की ज़रूरत ही नहीं थी;

वह एक जैविक अड़ंगा-भर था
और बच्चों को क़ायदे से मारने के लिए
बचपन से परिचय क़तई ज़रूरी नहीं है...
यह तो अच्छा है कि
बचपन बर्बरता में कोई बाधा नहीं बनता...
बर्बरों को कभी उसकी याद तक नहीं आती!

2005

## स्तुति

मैं स्तुति करना चाहता हूँ
उसकी जो दस्तक दे रहा है दरवाज़े पर
सुबह-सुबह दूध के पैकेट्स और अख़बार देने के लिए;
जो थोड़ी देर बाद साफ़ करेगी मेरे घर के फ़र्श
और उन पर पोंछा लगाएगी;
उसकी जो कई शहरों से चिट्ठियाँ और न्यौते
बाहर दरबान को तेज़ दोपहरी में मेरे लिए दे जाएगा;
उसकी जो नहा-धोकर रसोई में दाल-सब्ज़ी पकाएगा
और खाने के वक़्त फुर्ती से गर्म रोटियाँ परोसेगा;
उसकी जो हरी मिर्च काटकर उसमें तेल-राई मिलाकर अचार रखेगी
और उसकी जो खोंचे के लिए चटपटा सोंधा समोसा बनाएगा।

मैं स्तुति करना चाहता हूँ
उसकी जो दीवारें पोतता है
और कड़ी धूप में इमारतों में लगाने के लिए ईंटें सिर पर ढोता है;
उसकी जो देर रात गए सब्ज़ियों की दूकान मोमबत्ती जलाकर खुली रखता है
और उसकी जो कहीं और जगह न पाकर फुटपाथ पर अख़बार बिछाकर थककर सो जाता है;
और उसकी जो ख़ुद मरघिल्ला होने के बावजूद चार थुलथुल सवारियों को
पसीना-पसीना होते हुए भी आधी रात को उनके घर पहुँचाता है;
और उसकी जो चौकीदारी करता है मुस्तैदी से उस सबकी
जो उसका नहीं है;
और उसकी जो क्यारियाँ गोड़ते-गोड़ते अलसाकर
चिड़ियों की चहचहाट के बीच किसी पेड़ की छाया में सो जाता है;
उसकी जो बगल की झुग्गी में से जरूरतमन्द बच्चे को
लाकर देता है स्लेट और पैन्सिल।

मैं स्तुति करना चाहता हूँ
उन स्त्रियों की जो आकर मसाला कूटकर बर्नियों में भरकर रख जाती हैं
और चावल-दाल से कंकड़ बीनकर साफ़ कर जाती हैं
और उन बच्चियों की जो खदानों में
कंकड़-पत्थरों में से बीनती हैं हीरों की कनियाँ;
और उस बूढ़े की
जो पार्क की बेंच पर भूखा सोता है
और किसी से कुछ नहीं माँगता,
उस बच्ची की जो सुबह-किलककर
खिड़की से बाहर का दृश्य देखते हुए अपनी अपंग-बीमार माँ को
बताती है कि कैसे सूर्योदय हो रहा है और एक नीली चिड़िया सामने
के पेड़ पर फुदक रही है।

मेरी कविता उन सबके सामने सिर झुकाती है
जो हमारी दुनिया को सम्भव और सुन्दर बनाते हैं,
बिना जाने या जताए कि वे ऐसा कर रहे हैं—
आज मेरी कविता सिर्फ़ उनकी स्तुति है।

2006

## जब सभी

जब सभी लोग नष्ट करने के मुखर उत्साह में हों
तब कुछ बचाने की गुपचुप कोशिश,
मैं जानता हूँ
एक बुढ़ाया हुआ रूमान है :
मुझे पता है कि
अंततः कुछ भी नहीं बचता
जैसे कि यह भी कि कुछ भी पूरी तरह नष्ट नहीं होता।
हम नष्ट कर कुछ भी नहीं रच पाते और
बचाकर भी हम कुछ न कुछ नष्ट करते हैं।

इन दिनों
टुच्चे सपनों की जद में कितना कम आता है
और अब किसी को याद नहीं, सफलता की आपाधापी में,
कि जो कुछ सच होता है
उसे पहले सपना होना होता है,
कि सपने से पहले कुछ भी सच नहीं।

यह समझना दिन-ब-दिन मुश्किल होता जाता है
कि हर सच मटमैला और अक्सर लहूलुहान है
और उसे किसी लौंड्री जैसी जगह से
धुला-साफ़ इस्तरी किया हुआ थैले में बंद
दिए हुए नम्बर पर पा सकना मुमकिन नहीं है।

रास्ते सब वहीं जाते हैं
जहाँ हम पहुँचना चाहते हैं
पर उनमें से कोई भी वहाँ ख़त्म नहीं होता

क्योंकि रास्ते के सिवाय दरअसल कोई मंज़िल है नहीं।
उम्मीद छोटे-छोटे टुकड़ों में इस क़दर
तितर-बितर हो गई है
कि किसी को अब याद तक नहीं कि
शुरुआत में वह दुनिया को बदलने,
उसे बेहतर बनाने की उम्मीद थी।

हम अब लौटकर घर नहीं आएँगे
क्योंकि अब भूगोल से घरों के निशान मिट चुके हैं,
सिर्फ़ शहरों के धब्बे बचे हैं
जिनके एक के बदले दूसरे के बदले तीसरे होने से
कुछ ख़ास फ़र्क नहीं पड़ता—
नक़्शा देखकर
अब कोई न तो मुहल्ला पहचानता है,
न कोई पड़ोसी बता सकता है कि
कठचन्दन-बकौली के पेड़ों के पास
पटेरियाजी से किराये पर लिया
अन्दर के कुएँवाला मकान
हमारा घर था।

हम जितना बदलते हैं
दुनिया उससे कहीं ज़्यादा तेज़ी से बदलती है।

2006

# दुनिया बदलना

चूँकि ईमानदारी एक अल्पसंख्यक गुण है
और ईमानदार लोग कम हैं,
उनसे यह उम्मीद करना बेमानी है
कि वे दुनिया को बदल सकते हैं :
इतने कम लोग तो अपना पड़ोस तक नहीं बदल सकते,
दुनिया तो बहुत दूर की बात है।

इसका मतलब यह है
कि दुनिया बदलने का काम बेईमानों के मत्थे जाता है
जिन्हें, ज़ाहिर है, ऐसा करने में कोई दिलचस्पी नहीं होती।

कुल मिलाकर हालत यह बनती है
कि ईमानदार दुनिया बदल नहीं सकते,
बेईमान बदलना नहीं चाहते।

ईमानदारों की संख्या बढ़ाना
एक दीर्घकालीन अभियान है
जो हमारे जीवन-भर पूरा होने से रहा,
विकल्प यही बचता है
बेईमानों को किसी तरह राज़ी या प्रेरित किया जाए
कि वे दुनिया बदलने में कुछ दिलचस्पी लें।
बेईमानों से इस मामले में संवाद शुरू करने में,
ज़ाहिर है कि बड़ी हिचक है।

फ़िलवक़्त यह बहस बेकार है कि
कि हम ख़ुद क्या हैं : अल्पसंख्यक या बहुसंख्यक?

लेकिन क्या हम सदियों से यही कोशिश कर रहे
स्वप्नहारे लोग नहीं हैं,
जो दुनिया बदलने का सपना
बेकार मानकर घूरे पर फेंकने के पहले
एक बार ठिठककर सोच भर रहे हैं
कि क्या मनुष्यता के इतिहास में सचमुच
वह मुक़ाम आ चुका
जब दुनिया बदलना आदमी के हाथ में नहीं रहा,
न उसके बस में ?

2002

# साधारण की एक गाथा

उसे मालूम था
कि वे अब तक उसे
भूल चुके होंगे।

हमारे समय तक आते-आते
वीरगाथाएँ इतनी अधिक हो चुकी हैं
कि उन्हें तक याद रखना सम्भव नहीं रहा है,
आम क़िस्से-कहानी तो दूर।

उसकी कहानी सीधी-सादी थी
और उसमें नाटकीयता और ट्रैजडी
दोनों की कमी थी।

ख़ासी मुश्किलों के बावजूद
कोई अपने को
अपने अन्तःकरण को बिना विकलांग बनाए
बचा सके
इसमें ऐसा क्या था
जिसे कोई और देखे-समझे
और याद रख सके?

उसने कुछ की मदद की,
कुछ की ज़्यादतियों की अनदेखी,
अपना अटाला नहीं भरा,
दूसरों को लूट-पाट करते देखता रहा,
दुख में हाहाकार नहीं किया

और सुख इतना हुआ ही नहीं
कि किसी और से बाँटने की नौबत आए।
प्रेम कई किये
पर उनकी कविता नहीं बना सका
और मरघट से
कई संगी-साथियों के चले जाने की उदासी लिए
जब भी वह लौटा
उसकी आँखों में आँसू नहीं थे।

उसके पास छोटे हृदय में समा सकनेवाली
करुणा थी,
थोड़ी-सी घृणा और
हर समय सहमा हुआ अन्तःकरण।

उसके बूढ़े थके-हारे चेहरे में
ऐसा कुछ नहीं था
जिससे लोगों को अख़बार या टेलीविज़न पर
छपा-दिखा कोई चेहरा याद आए।

शब्द भी उसके पास कम ही थे :
वह कभी, प्रेम तक में,
कोई चमकता मुहावरा नहीं कह पाया।
स्कूल के रजिस्टर में,
दूकानदारों के खातों में,
डॉक्टरों के नुस्ख़ों में,
थानों के रोज़नामचों में
उसके नाम के हिज्जे हमेश ग़लत लिखे जाते रहे।

इसलिए जब वह लौटा
तो चौक-बाज़ार या
पुराने मुहल्ले में कोई उसे पहचानेगा
इसकी उसे रत्ती-भर उम्मीद नहीं थी।

उसके पास अचानक एक बच्चे ने आकर
जब उसका हाथ पकड़कर
उससे एक पतंग दिलवाने की ज़िद की
तब उसे लगा कि
उसके आख़िरी सिक्कों से
कुछ ख़ुशी अब भी ख़रीदी जा सकती है।

वह जानता था
कि वह बच्चा भी उसे
नहीं उस चितकबरी पतंग को ही
याद रखेगा।

2007

# किसी को ख़बर न हुई

किसी को ख़बर न हुई
जब मैंने उससे कहा :
कान लगाए देवताओं को कुछ सुनाई नहीं दिया,
शाम को घिर आए अँधेरे को पता नहीं चला,
पक्षियों को कुछ समझ में नहीं आया,
पत्तियाँ हवा में यों काँपती रहीं
मानो कुछ हुआ ही न हो—
नि:शब्द एक वाद्यवृन्द शुरू हुआ
कलरव का, गान का,
प्रार्थना का, पराग का, ओस का, किसलय का
फूलों का, कल-कल निनाद का, मौन का—
जब मैंने उससे कहा।

2006

# नहिंयों में होना

तुम उस मोड़ पर नहीं हो
उस बेंच पर तुम नहीं बैठी हो
उस बस स्टाप पर तुम इन्तज़ार नहीं कर रही हो
बरसते पानी में छाते के नीचे तुम नहीं जा रही हो
अचानक बढ़ गई ठंड में शरीर में आयी गरमाहट तुम नहीं हो
ओठों पर अपने आप बुदबुदा उठा नाम तुम्हारा नहीं है :
इतने सारे नहिंयों में
फिर किसका होना अंकित है?

# फिर नाम

मैं फिर नाम खोज रहा हूँ :
नाम जो हँसे, खिल जाए,
पुकारे, मचल जाए,
नाम जो उजाले के कन्धों पर चढ़ जाए,
अँधेरे में ठिकाने पर पहुँच जाए।
नाम जो पंखुरी-सा हलका हो,
ओस-सा द्रवित हो,
किसलय-सा कोमल हो,
और सिर्फ तुम्हारा हो, किसी शब्दकोश में न हो।...

2005

## कृतज्ञता-ज्ञापन

धन्यवाद,
मेरे अनूठे समय
कि तुमने बहुतों को नष्ट किया,
मुझे बारहा घायल किया और निराश भी,
जब-तब अपने विरुद्ध आवाज़ उठाने की हिम्मत दी
लेकिन पूरी तरह से नेस्तनाबूद करने के लायक़ नहीं समझा
मानो मैं एक अधटूटा खिलौना हूँ तुम्हारे पिछवाड़े
पड़े रहने दिया गया, लापरवाही से।

धन्यवाद,
पीछे छूट गए बचपन
कि अपने कठचन्दन-बकौली के पेड़ों और बालसखाओं के साथ
तुम पूरी तरह से ग़ायब नहीं हुए
और अब तक बचे हुए हो
कभी अचानक आयी किसी याद और जब-तब
उभर आए किसी दर्द की तरह,
और तुम्हारी कभी न लिख गई पोथी से
मेरा नाम अब तक मिटा नहीं।

धन्यवाद,
हमेशा संग रहनेवाले शब्द
कि तुमने सच्चाई में हिस्सेदारी कराई,
अंतःकरण को संक्षिप्त होने से बचाया
और यह साहस दिया कि कभी-कभार सोच सकूँ
कि मैं रच सकता हूँ कविता में एक पूरा संसार
और कितना ही पथहारा-स्वप्नहारा क्यों न हो जाऊँ

तुम्हारी परछी में मेरे लिए थोड़ी-सी जगह बनी रहती है।

धन्यवाद,
मटमैले प्रेम
कि तुमने सिखाया कि ऊबड़-खाबड़
और अनाप-शनाप को भी
गूँथा जा सकता है सुन्दरता में
और कोमलता के लिए अब भी गुंजाइश है
और बावजूद तुम्हारे बहीखाते में मेरे नाम बहुत कुछ के
तुमने इतने तकादे नहीं किये
जितने कि तुम कर सकते थे।

धन्यवाद,
हर मोड़ पर मिलनेवाले लोगो
कि तुमने बताया कि हमारे बहुत सारे दुख एक जैसे हैं
और तकलीफ़ में हम सभी का साझा है,
जब गिर सकता था तो सहारा दिया
और इस अहसास से बचाया कि
मैं दूसरों से बिलकुल अलग हूँ :
मुझे हिसाब में लिया,
गड्ढे में गिरने के पहले दौड़कर थाम लिया।

धन्यवाद,
पता नहीं हो कि नहीं ईश्वर,
कि तुम मुझसे उदासीन रहे
और इस बात में कोई दिलचस्पी नहीं ली
कि मुझ पर अपना होना या न-होना ज़ाहिर करो—
मुझे अवसर दिया
कि तुमसे कविता में लगातार झगड़ता रहूँ
और बाल भी बाँका न हो।

2007

# एक पत्ती बुलाती है

एक पत्ती बुलाती है
समूचे जंगल को...
उसकी वृक्षराजि, हिंस्र पशुओं,
चहचहाते पक्षियों,
अँधेरे में कुलबुलाते बीजों,
उजाले में दमकते प्रस्फुटनों
और आकाश की ओर ताकते पल्लवनों को।
एक पत्ती हरी दस्तक है...
वह सुगबुगाहट है,
वह कभी पूरी न हो सकने वाली
कविता का आदि शब्द है।
वह एक हरी पत्ती शिखा है
जिसमें होने, हो सकने का उजाला है।

एक पत्ती
प्रकृति की विनयपत्रिका का पहला पद्य है।

2009

# अब सब कुछ को

मैं अब सब कुछ को एक साथ पुकारना चाहता हूँ
ऐसी आवाज़ में
जिसमें मटमैले शब्द,
वनस्पतियों की गन्ध,
पक्षियों की चहचहाहट,
पृथ्वी का उत्साह,
आकाश का मौन सब गुँथे हों
और जिसमें ब्रह्मांड का शून्य गूँजता हो।
जो सबको वहीं सुनाई पड़े जहाँ वे हैं।
ढहते पर गरमाहट–भरे घरों में,
अलक्षित बियाबानों में,
बेसुध नदी तटों पर,
बड़वाग्नियों और अरण्यों में छुपे बिलों में,
बार–बार गुल होती बिजली की रोशनी में पुस्तकों के पास,
चकाचौंध के तले अँधेरों में,
चन्द्रमा की तरफ़ तेजी से बढ़ते यान में।

मुझे कुछ कहना नहीं है
क्योंकि बरसों बाद अब पता चला है
कि दरअसल आख़िरकार हमारे पास कहने को
कुछ नहीं होता : न अलविदा, न शुभकामना, न प्रार्थना।
मैं सिर्फ़ उन्हें, सबको जो जहाँ हैं वहाँ
यह जताना चाहता हूँ
कि उनका वहाँ वैसे होना
सबसे उजली सचाई है,
ऐसी कि उनमें से हरेक के बिना

सच न तो पूरा होता है, न सच हो सकता है।
इस सचाई को कोई समो नहीं सकता।
उसे कविता में सिर्फ़ पुकारा जा सकता है।

2009

# अपने हाथों से उठाओ पृथ्वी

अपने हाथों से उठाओ पृथ्वी,
क्योंकि तुम मनुष्य हो,
देवताओं की तरह निष्पाप नहीं हो,
क्योंकि तुम्हारे हाथ,
तुम्हारे शब्द, तुम्हारी कविता,
तुम्हारी जिजीविषा और आकांक्षा
सब मटमैले हैं–

अपने हाथों से उठाओ पृथ्वी
जो छह महाद्वीपों में बँटी होने के बावजूद
घायलों का, बेघरबारों का,
अकारण मारे जाने वालों का एक विशाल महाद्वीप है।

अपने हाथों से उठाओ पृथ्वी
और महसूस करो कि
कभी हरी-भरी, कभी भूरी-सूखी
उसकी वत्सलता कभी चुकती नहीं है
कि वह तुम्हारे गुनाहों को
फेंकती जाती है विस्मृति के क्षमादानों में।

अपने हाथों से उठाओ पृथ्वी
क्योंकि उसकी रेत और धूल में,
उसके पानियों और वनस्पतियों में,
उसकी असमय सूख रही नदियों
और अकाल-नग्न हो रहे पर्वतों में,
उसकी अँधेरी खोहों में,

उसके उजले अँखुवाते बीजों में
अब भी आशा बची है
भय से दुबककर कोने में
अँधेरे में बैठे किसी कीड़े की तरह
अपने आशातुर हाथों से उठाओ पृथ्वी।

अपने हाथों से उठाओ पृथ्वी
क्योंकि उसके पास
आँसुओं का पैतृक नमक है,
क्योंकि उसके पास
गान की सघन मधुरिमा है...
क्योंकि वह अब भी
गीली मिट्टी का लोंदा है
जिसे तुम अपने हाथों से
सूर्य की तरह उज्ज्वल और उत्तप्त,
आकाश की तरह असीम
गढ़ सकते हो

अपने हाथों से उठाओ पृथ्वी।

2009

# मित्रहीन आकाश

धीरे-धीरे सब मित्र छोड़कर चले जाएँगे :
कुछ जल्दी में अपने सूटकेस में चप्पलें रखना भूलकर,
कुछ अपनी नाराज़ी और विफलताओं से त्रस्त होकर,
कुछ चकाचौंध की ओर जाने की हड़बड़ी में,
कुछ अलविदा के सटीक शब्द याद न कर पाने की झल्लाहट में,
सब चले जाएँगे।

कुछ इसलिए कि तुमने उनका ऐन वक़्त पर साथ नहीं दिया,
कुछ इसलिए कि तुमने अपने और उनके बारे में सच बोलने की जुर्रत की,
कुछ इसलिए कि उन्हें अपनी दुष्टता के मुक़ाबले तुम्हारी दुष्टता
ज्यादा असह्य लगी,
कुछ इसलिए कि उन्हें तुमसे अब कोई लाभ नहीं मिल सकता था,
कुछ इसलिए कि तुम्हारे साथ होना हानिकारक हो सकता था।

वे चले जाएँगे
तो उनके साथ बिताए समय, बहसें, झगड़े,
साझे सुख और दुख,
चिथड़े हुए सपने और न टाले जा सके दुःस्वप्न,
मिलकर की गई घातें,
साथ मिलकर सहे गए आघात भी
चले जाएँगे? शायद, शायद नहीं।

जो बचेगा मित्रहीन आकाश
उस पर खिड़की बन्द कर
तुम बुदबुदाओगे 'अलविदा, मित्रो'
और अपनी मटमैली मेज़ पर पड़े

कुछ काग़ज़ों को सहेजोगे
जिन पर कुछ लिखना
बहुत दिनों तक मुमकिन नहीं होगा।

2 अक्टूबर, 2010

# अपने शब्द वापस ?

इस मुक़ाम पर आकर कैसे कहूँ
कि अपने शब्द वापस लेता हूँ :
यह कह सकने का विनय तो है
पर अब तक वह साहस नहीं
जो अन्त के नियराने पर हो पाता है।

यह मानने का कोई कारण नहीं है
कि उन शब्दों से
जिन्हें घायल किया या अपमानित
वे उन्हें अब तक भूल नहीं पाए हैं :
उनके पास और काम और चिन्ताएँ होंगी,
उन शब्दों को याद रखने के बजाय।
लोग चीज़ें सहेजकर रखते हैं
अपने घरों को गोदाम बना देने की हद तक,
उनके पास शब्दों के लिए धीरज और जगह कहाँ!

शब्दों का इतिहास होता है
पर मेरे शब्द उसमें होंगे
ऐसी दुराशा करने का कोई आधार नहीं।
चकाचौंध और शोर-गुल का समय है :
बहुत सारों का बहुत सारों से लगातार बतियाने का समय है,
बहुत कुछ के न सुने जाने का समय है,
शब्दों के लगातार कम पड़ते जाने का समय है,
ऐसे में अपने शब्दों को वापस लेने से
क्या फ़र्क पड़ता है।
सचाई, शब्दों से, कम-से-कम मेरे शब्दों से

दूर जा चुकी है
और अब तो यह मानना तक मुश्किल है
कि वह कभी इन शब्दों में थी।

2 अक्टूबर, 2010

# ऐसा क्यों हुआ ?

सुन्दरता बचती है हमारे बिना भी—
हम बहुत थोड़ी सुन्दरता रच पाते हैं,
बल्कि शायद वह भी नहीं।

हमें भ्रम है कि हम साहसी थे :
जब साहस की सबसे ज़्यादा दरकार थी,
हम आगे की क़तार में नहीं थे।

हमारे अनुराग सच्चे और गहरे थे
पर हमारे जोखिम अपर्याप्त,
हम संसार से प्रेम करते थे
पर उसके गुणगान में
हम हमेशा हिचकते रहे।

हम विफलता की सार्थकता पहचान न पाए
और चकाचौंध के लालच से
बच नहीं सके।

हमें मुक्ति की आकांक्षा थी, तलाश नहीं।
हम वहाँ तक गए
जिसके पार जाने से ख़तरा था,
हम ठिठक गए
क्योंकि हमें लौट पाने का कोई अश्वासन नहीं था।

हमारी कथा अद्वितीय नहीं है :

सबके साथ यही होता है—
फिर भी हमें यह दुख है
कि हमारे साथ ऐसा क्यों हुआ!

2 अक्टूबर, 2010

# कौन जानता है ?

पेड़ से गिरी सूखी पत्ती
जो अटककर पड़ी रह गई
पियराती घास पर—

नदी के किनारे
हरियाती घास में खिला
अचकचाया फूल—

आकाश के अतल में
टूटकर गिरा
एक अनाम नक्षत्र—

कौन जानता है ?

2012

# वही पर क्या अधूरी रह जाएगी

हरी घास की नोंक से टपका
ओस-आँसू
सहमता हाथ पसीजता हुआ,
खिड़की के काँच पर
हिलगी रह गई
बारिश की आख़िरी बूँद :

वहीं पर
कथा
अधूरी
रह जाएगी।

2012

# पंखों पर

पंखों पर उगता है आलोक,
ओस गिरती है पत्तियों पर,
पगडंडी भटकती है घास में,
मुझ पर
मानो कि एक पृष्ठ पर
वह लिखती है
एक रहस्य-कविता।

नान्त, 14 मई 2012

## विनय-गीत

सूर्य से मैंने कहा :
थोड़ा-सा अपना उदय और अस्त दो,
थोड़ी-सी लालिमा और कुछ ताप
ताकि मैं प्यार कर सकूँ।

मैंने आकाश से प्रार्थना की :
थोड़ी-सी अपनी नीलिमा,
अपनी असीमता मुझे दो
ताकि अपने प्यार में
उन्हें मिला सकूँ।

मैंने हवा से कहा :
वहाँ तक बहकर जाओ जहाँ मेरा प्यार रहता है
और हलकी-सी दस्तक उसके दरवाज़े देकर
उसे बताओ
कि उसकी प्रतीक्षा हो रही है।

नान्त, 14 मई 2012

# यह जो हमें पुकारता है

यह जो हमें पुकारता है
कभी लौट आने के लिए
कभी आगे बढ़ जाने के लिए,
यह जो हमें पुकारता है
नदी-पुल पर जमे कीचड़ की ओट से,
पँखुरियों के बीच क़ैद पराग से,
किसी रेस्तराँ में अकेली बैठी लड़की की हँसी से,
यात्रियों की प्रतीक्षा में मनमारे बैठे
बस के ड्राइवर की उदासी से;

यह जो हमें पुकारता है
किसी प्राचीन ग्रन्थ की सहमी हुई गन्ध से,
किसी झरोखे पर पल भर के लिए ठिठकी बूढ़ी छवि से,
हरी घास पर दौड़ते बच्चे की किलकारी से,

यह जो हमें पुकारता है
किसी हृदय में घिर आए सुनसान से,
किसी आत्मा की तलछट में जमे कलुष से,
किसी अरण्य में भटकते मृग-शावक की भयभीत आँखों से,
किसी नदी-तट पर आ लगी पशु-अस्थियों से;

यह जो हमें पुकारता है
शब्दों से, पंखों से, धुएँ से,
कोहरे और आवाज़ों से,
लयों और विलयों से,
चीख़ से, अट्टहास से, विलाप से;

यह जो हमें पुकारता है
चौक-बाज़ार की शोर-गुल मचाती भीड़ से,
मन्दिर के पास बैठे भिखारी की झोली में छिपे
सिक्के की अनसुनी खनक से,
किसी ख़याल में अटकी रह गई विकल तान से,
धू-धू कर जलती चिता की लपटों से;

यह जो हमें पुकारता है
बरसात में न सूखे कपड़ों की गन्ध से,
झन्न से गिरकर टूटे काँच की एक अनदेखी किरच से,
क्या सिर्फ़ यही कहता है :
यह अपार जीवन है–
यह उसके धुर पड़ोस में
प्रतीक्षारत काल है–
और उनमें फँसे हम हैं!

नान्त, 22-23 मई 2012

# यह जो

यह जो
नदी के सागर में विलीन होने से पहले
उसके पानियों से बहते-बहते
उठता है एक गान,

यह जो
पवित्र अँधेरे गलियारों में
धीरे-धीरे उठती है एक प्रार्थना,

यह जो
कामना के सघन अँधेरों में
चमकती है एक छोटी-सी कविता,

उसे कैसे पता चले
कि ये सब उसी के नाम हैं?

नान्त, 23 मई 2012

# इतने सारे रास्ते

नदी।
नदी पर लम्बा पुल।
नदी-किनारे लम्बा रास्ता।
नदी में पानी के कई रास्ते।
बीच-बीच में उड़ते कई पक्षी
बनाते अधर में अपने रास्ते चिह्नहीन।

रास्तों पर लोग, पशु-पक्षी, कीड़े।
सब कहीं न कहीं जाते हुए—
कुछ यों ही भटकते हुए :
हमारे पास पाने-भटकने-गँवाने के लिए
कितने रास्ते हैं!

नान्त, 23 मई 2012

# करो प्रार्थना

करो प्रार्थना
कि हरी पत्तियाँ कुछ दिन और हरी रहें,
पक्षियों की आयु कुछ लम्बी हो,
बहुतों के घर-जीवन में इतनी देर अँधेरा न रहे,
सुरक्षित चकाचौंध में बहुत दिनों तक न रह सकें अत्याचारी और आततायी,
बच्चों में चीज़ों का लालच बहुत न बढ़े,
विचार के गलियारे इस क़दर सूने न रहें,
इतने पथहारे न हों स्वप्नद्रष्टा,
बूढ़े न हों इस क़दर निस्सहाय
और युवा स्त्रियाँ इस तरह बेबस :
करो प्रार्थना।

प्रार्थना करो
कि शब्दों पर भरोसा बना रहे और
किसी भी हालत में वे कम न पड़ें,
कि सहायता की हर पुकार का तुम उत्तर दे सको,
कि साधन भले कम पड़ जाएँ देने की इच्छा में कमी न आए,
कि दुनिया की तेज़ रफ़्तार से भले हमक़दम न रह सको
पर चलने का संकल्प न घटे।

करो प्रार्थना
कि टुच्चे लोगों से भले न बच सको
अपने टुच्चेपन से बचे रहो
और जीवन की तरह
मृत्यु में भी कुछ गरिमा हो।
करो प्रार्थना...

नान्त, 23 मई 2012

# पता है!

नदी को पता है
कि हम उसके किनारे खड़े
उसे देर तक दुलार से निहारते हैं?

चट्टान को कभी ख़बर लगती है
कि हम उस पर बैठकर जब सुस्ताते है।
तो उसकी बीहड़ सुन्दरता नज़रअन्दाज़ नहीं करते?

खिड़की को पता चलता है
कि हम उसमें से बाहर की दुनिया
इतनी बार निरखते हैं?

दरवाज़ा देख पाता है
कि हम उससे होकर अन्दर जाते, बाहर आते हैं
और हमारा आना-जाना उसी में से सम्भव है?

कभी-कभी लगता है :
नदी हमें प्यार से देख रही है,
चट्टान हमारे चले जाने के बाद उदास हुई,
खिड़की हमारी हरकतों पर मुस्कराती है,
दरवाज़ा जितनी बार खुलता है उतनी बार गहरी साँस लेता है।

नान्त, 7 जून 2012

# क्या संसार ?

क्या संसार पल भर को
सिमटकर चावल के दो दाने हो सकता है
जिसे किसी अज्ञात देवता की पूजा में
सादर रखा जा सके ?

क्या संसार कुछ देर को
गोल होकर एक रोटी हो सकता है
जिसे कई दिनों से भूखी बच्ची को
चुपके से बिना उसके जाने
दिया जा सके ?

क्या संसार सब कुछ को बिसराकर
एक अपौरुषेय शब्द हो सकता है
जिसे कोई युवा कवि
अपनी कविता में पहली बार प्रयोग
कर सके ?

नान्त, 7 जून 2012

# पृथ्वी भारी पड़ती जाती है

पृथ्वी भारी पड़ती जाती है
भग्न हृदयों के बोझ से,
हम उसे पतंग की तरह
आकाश में उड़ाना चाहते हैं।

पृथ्वी पर जमा होता जाता है
हमारे पापों का कचरा,
हम उसे पुण्य की तरह
साफ़-सुथरा चाहते हैं।

पृथ्वी डूबती जाती है
हमारे विलापों में, हमारे आँसुओं के नीचे
गलती हुई,
हम उसे एक प्रसन्न शिशु की तरह
मुस्कराते देखना चाहते हैं।

पृथ्वी वसुन्धरा है
भग्न हृदयों, पापों
विलापों और आँसुओं की :
हम उसे
भंगुरता, पवित्रता और किलक का द्वीप
बनाना चाहते हैं।

नान्त, 6 जून 2012

# नदियों का मेला

किसी भूगोल में तो सम्भव हो सकना चाहिए कि संसार की सभी नदियाँ एक मेले में आएँ। प्राय: मेले नदी–किनारे होते हैं : नदियों का मेला समुद्र के किनारे हो। समुद्र सभी को अपने में विलय करने की शक्ति को स्थगित करे जब तक मेला चले। छोटी–बड़ी नदियाँ आपस में गलबहियाँ डाले आएँ : अमेज़ान, गंगा, नील, यांग्त्से आदि। पहले कभी न आपस में मिली नदियाँ। अपने उद्‌गम और अन्त को साथ लिये हुए नदियाँ। जिन गिरिमालाओं के बीच बहती हैं उनके प्रतिबिम्ब अपने साथ लाई नदियाँ। अपने कछारों, किनारों और वनस्पतियों की सम्पदा बटोरकर लाई नदियाँ। अमेज़ान से उधार माँगे गंगा कुछ असूर्यम्पश्य वन, गंगा से माँगकर ले जाए अमेज़ान कुछ तीर्थ, कुछ घिस गए देवता। मेला बढ़ने से पहले नदियाँ मिलकर रचें एक वाद्यवृन्द : एक स्वर उठे धसान से, दूसरा उसे लोके नर्मदा के स्वर से, तीसरे की बढ़त करे अफ्रीका की नदी और चौथा अनुगुंजित हो लोआर के धीर स्वर से। चुपके से लालची समुद्र भी शामिल कर दे अपना एक रौरव स्वर। नदियों के संगीत से जागे नदियों की देखभाल करने के लिए सदियों से सो रहा देवता, जिसे पता ही नहीं चले कि नदियाँ मेले से लौट रही हैं।

नान्त, 6 जून 2012

# सब चल रहे हैं

नदी तट की गीली मिट्टी पर चल रहा है एक कीड़ा। पता नहीं कहाँ से आई एक विशाल लहर चल रही है समुद्र-तट की ओर। घने जंगल में भोजन की तलाश में अपने शावकों को साथ लिये चल रही है जंगली सुअरनी। अपने नन्हे बोझ से धरती को कँपाता हुआ पुल के किनारे चल रहा है एक बच्चा। अभागे की नींद में बहुत देर से चल रहा है सुख के दिनों का एक सपना। उड़ान से थक या ऊबकर थोड़ी देर के लिए हरी घास पर चल रहा है कीड़े की खोज में एक नीलपक्षी। किसी पुराने शहर पर बरसे बिना नीलाकाश में चल रहे हैं बादलों के झुंड। एक अन्धा अपनी लाठी से टटोलता चल रहा है सड़क पर। जो चल रहा है वही ठिठक, सहम, रुक रहा है पर चलते हुए के बीच। अगर शरीर नहीं चल पा रहा तो मन चल रहा है। माना कि ज़माना ख़राब है मगर चल रहा है।

नान्त, 6 जून 2012

# कोई पहरा दे रहा है

थक-ऊबकर लौटा हूँ दिन भर के काम से। बहुत सचाई हो चुकी : अब सपनों में रमने का मन हो रहा है। कोई पहरा दे रहा है। सचाई पर नहीं, सपनों पर। कुछ नहीं का कोष इतना विपुल क्यों है? उस तक पहुँचने का मार्ग इतना दुष्कर क्यों? उससे कुछ निकाला नहीं जा सकता : कोई पहरा दे रहा है। कई असम्भव शब्दों को लाना चाहता हूँ अपनी कविता में प्राचीन ग्रन्थों और पांडुलिपियों से। अटपटेपन का ख़तरा उठाकर। पर कर नहीं पा रहा हूँ। कोई पहरा दे रहा है। जो हो सकता है पर हो नहीं पा रहा है उसकी सरहदें खींची जा चुकी हैं। कोई हिम्मत नहीं कर रहा है। कोई पहरा दे रहा है।

नान्त, 6 जून 2012

# नदी कुछ कहती रहती है

दिनदहाड़े गाहेबगाहे रात-बिरात नदी धीमे-धीमे कुछ कहती रहती है।
हम अनसुनी करते हैं क्योंकि हमें उसकी भाषा नहीं आती।
हो सकता है वह कहती हो :
मुझे इतना बाँध क्यों रहे हो? मुझे मुक्त अबाध बहने क्यों नहीं देते?
हो सकता है वह विलाप करती हो
कि उसका इतना सारा जल व्यर्थ बहता रहता है,
बिना किसी के काम आए!
हो सकता है कि उसका कहना हो
कि तुम मेरे संसार हो,
मुझमें प्रतिबिम्बित गिरिमाला और हरे-भरे कछारों को,
मुझमें समाई हुई मछलियों और जल-वनस्पतियों के संगीत को इस क़दर
अलक्षित अनसुना क्यों करते हो!
मैं एक अहरह लिखा जा रहा प्रेम-पत्र हूँ
जो सागर को लिखा जा रहा है—
मैं एक प्रार्थना हूँ सजल
जो किसी अदृश्य ईश्वर को सम्बोधित है—
मैं एक यात्रा हूँ जो जल करता है जल की ओर!
नदी कुछ कहती रहती है
और हम समझ नहीं पाते।

नान्त, 6 जून 2012

# वहाँ कौन जा रहा है?

वहाँ जहाँ आकाश झुककर धरती को चुपके से चूम रहा है,
वहाँ जहाँ वृक्ष झुककर हरी घास को छू रहे हैं,
वहाँ जहाँ एक नीली चिड़िया एक पीले फूल को कुतर रही है,
वहाँ जहाँ एक बिल्ली एक कबूतर को अपने मुँह में दबोचे भाग रही है,
वहाँ जहाँ एक लड़की अपना प्रेम-पत्र लिखने को कोने में छुपी बैठी है,
वहाँ जहाँ एक सैनिक अपनी बन्दूक से एक बच्चे को बेवजह दाग रहा है,
वहाँ जहाँ एक बूढ़ा अख़बार से ऊबकर सूनी आँखों से शून्य में ताक रहा है,
वहाँ जहाँ एक कहानी उपन्यास बनने से ठिठक रही है,
वहाँ जहाँ किसी प्राचीन भवन की एक ईंट सदियों बाद खिसक रही है,
वहाँ जहाँ एक बच्चा अनदेखा दरवाज़े से निकलकर सड़क पर चला आया है,
वहाँ जहाँ मौन के कगार पर लड़खड़ा रहा है शब्द,
वहाँ कौन जा रहा है
इस कविता के अलावा?

नान्त, 12 जून 2012

## ‘जागै अरु रोवै’

खाकर वे सो रहे हैं
जागकर हम रो रहे हैं!

क्या यह तय था
कि ज़्यादातर सोएँ
कि कुछ ही जागें और रोएँ?

सोने वालों में से कुछ की नींद में
क्या कभी कोई सपने नहीं जागते,
कोई विलाप नहीं उभरता?

कविता सब कुछ के बीतने पर
अविरल विलाप है—
पर जो हँस-खेलकर
अपने दिन बिताना चाहते हैं
वे क्योंकर इस विलाप पर ध्यान दें?

नान्त, 16 जून 2012

# ‘खुल गए गगन-किवाड़’

जब धरती के सारे किवाड़ बन्द हो चुके होंगे
क्या तभी खुल पाएँगे गगन-किवाड़?

क्या सम्भव नहीं है
धरती के ही किसी किवाड़ से
गगन के किसी किवाड़ तक पहुँचना
ऐसे कि धरती न छूटे
और गगन पास में आ जाए?

क्या सम्भव है
कि धरती का कोई किवाड़ हम खोलें
और गगन-किवाड़ खुल जाए?

क्या सम्भव है
कि हम पहचान पाएँ
कि धरती के किवाड़ ही
अन्ततः गगन-किवाड़ हैं—
कि गगन कुछ और नहीं
धरती ही है
ऊपर दीखती हुई!

नान्त, 16 जून 2012

# कहाँ से उठाऊँ शब्द !

कहाँ से उठाऊँ शब्द :
कर्फ़्यू-लगे शहर की सुनसान सड़कों पर
अचानक होने लगे बच्चों के अबोध खेल से,
अपना सब कुछ लुटाने के बाद
नफ़रत से सुलगती स्त्री-आँखों से,
बिला वजह घायल किए गए
नागरिकों के लहू-रिसते घावों से,
कहाँ से उठाऊँ शब्द ?

नदी-किनारे हरी घास पर अलसाते प्रेमी युगल के
उत्तप्त चुम्बनों से,
पत्तियों और फूलों की उल्लसित खिलखिलाहट से,
ईश्वर के घर में सदियों से हिलगी रह गई
हताश प्रार्थनाओं से,
कहाँ से उठाऊँ शब्द ?
असमय मारे गए बच्चों-स्त्रियों की आख़िरी चीख़ों से,
जासूसों की झूठी रपटों से,
अपने निबिड़ शून्य में सिसकते ब्रह्मांड से,
नदी-जल में असहाय डूबे पत्थरों के मौन से,
लिखी न गई असंख्य कविताओं से,
पुराने शहरों में अभी तक बचे रह गए कुओं से,
नभ में विलीन किसी अदृष्ट नक्षत्र की नियति से,
कहाँ से उठाऊँ शब्द ?

नान्त, 16 जून 2012

●●●